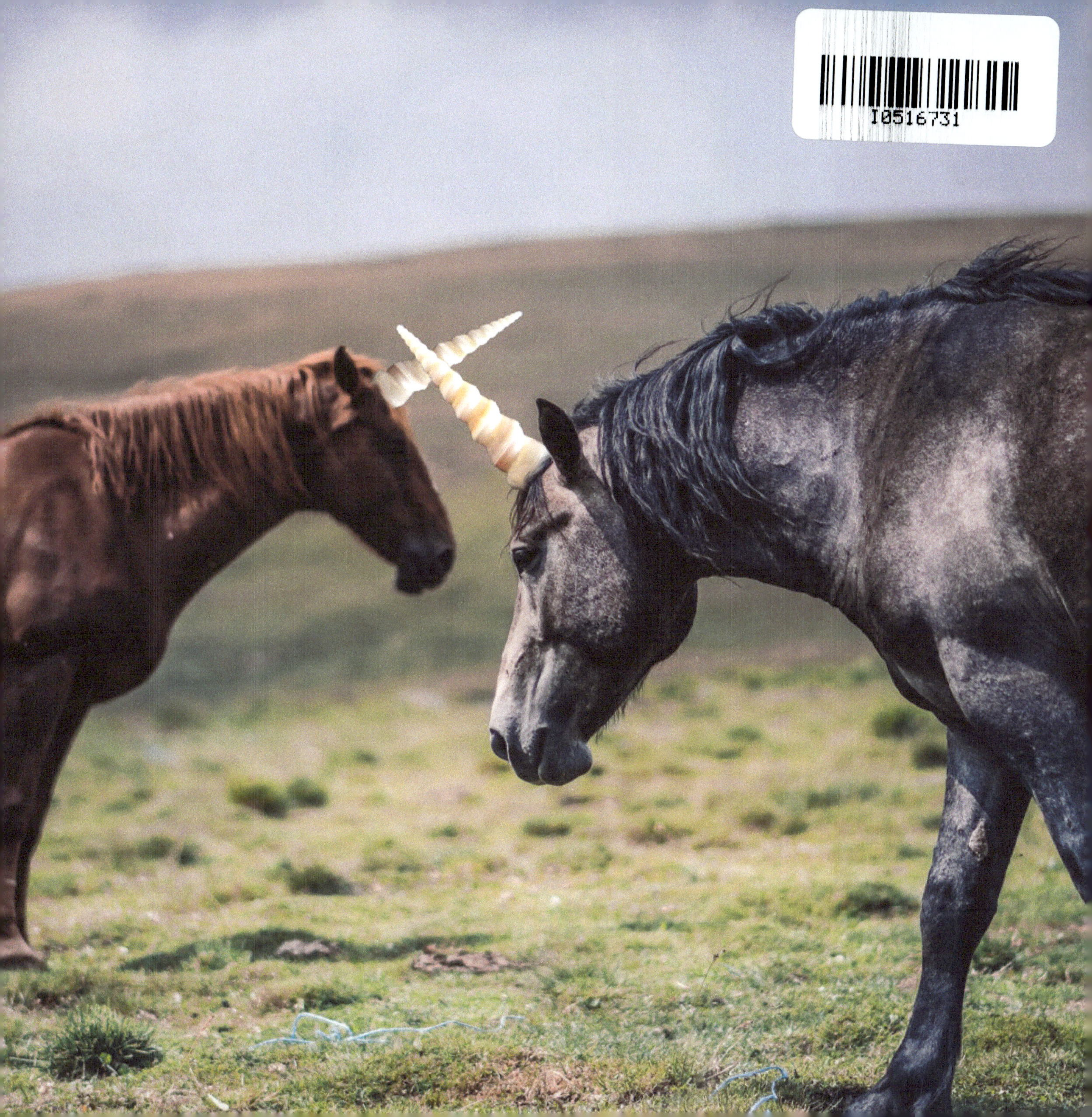

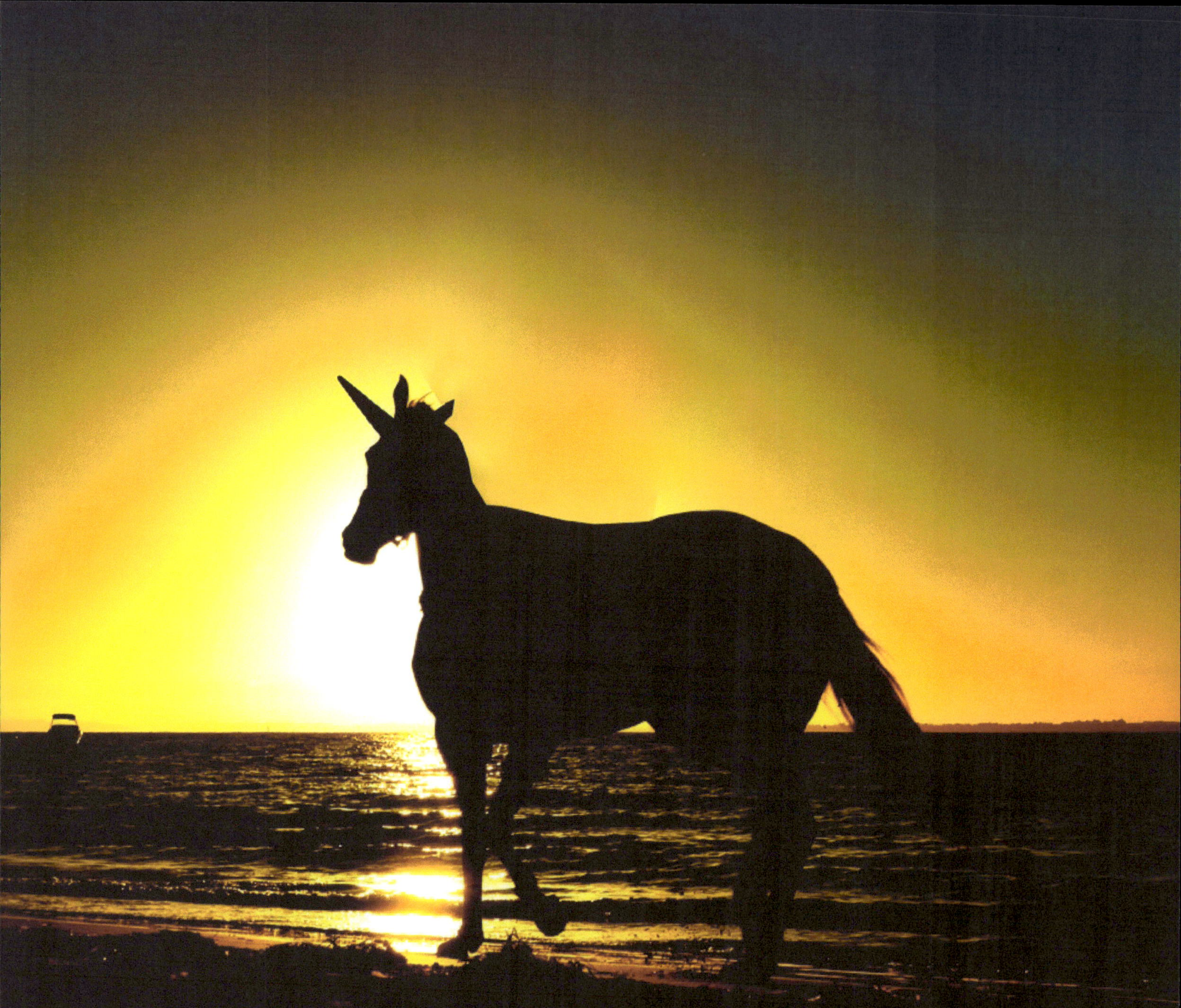

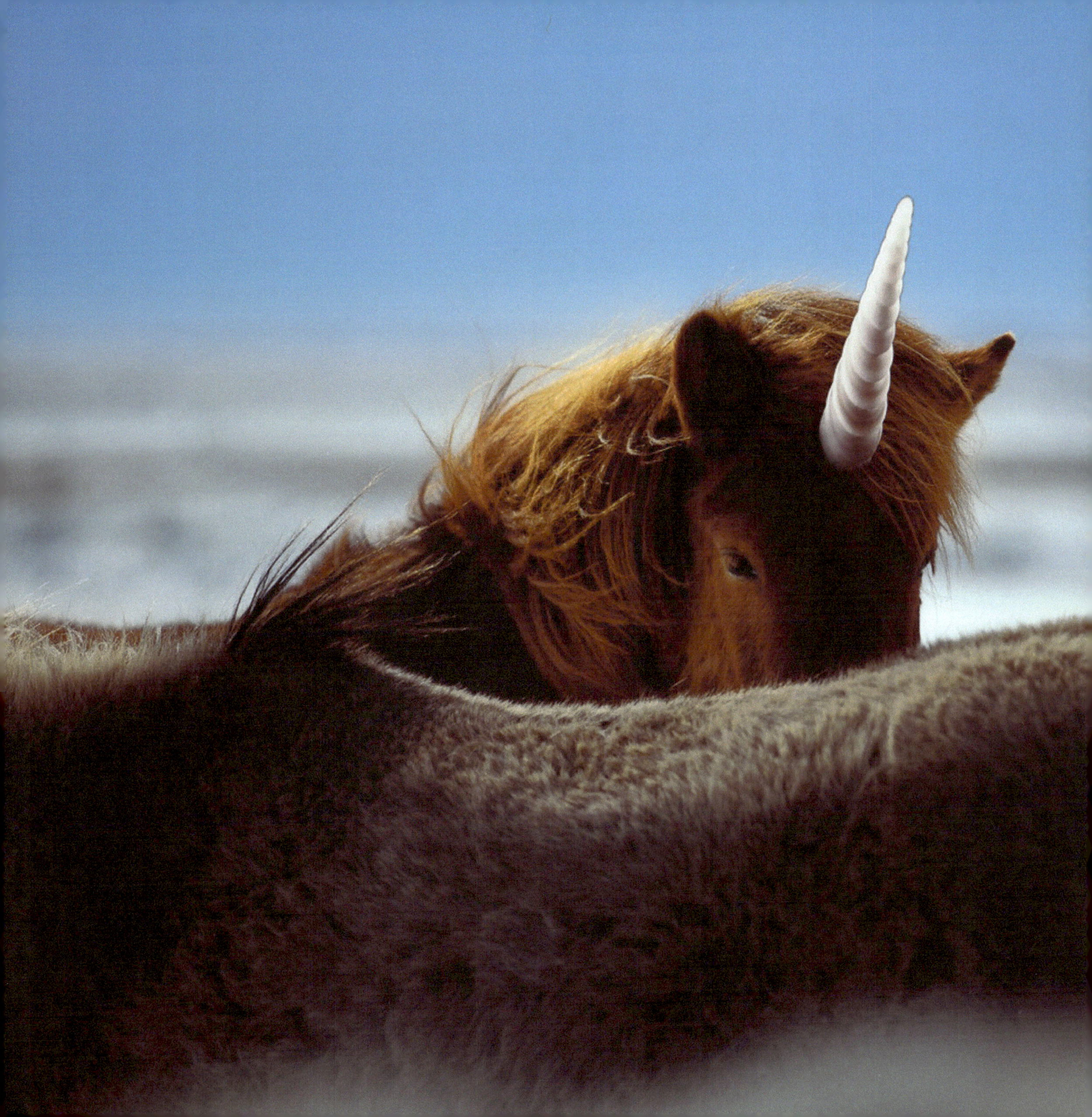

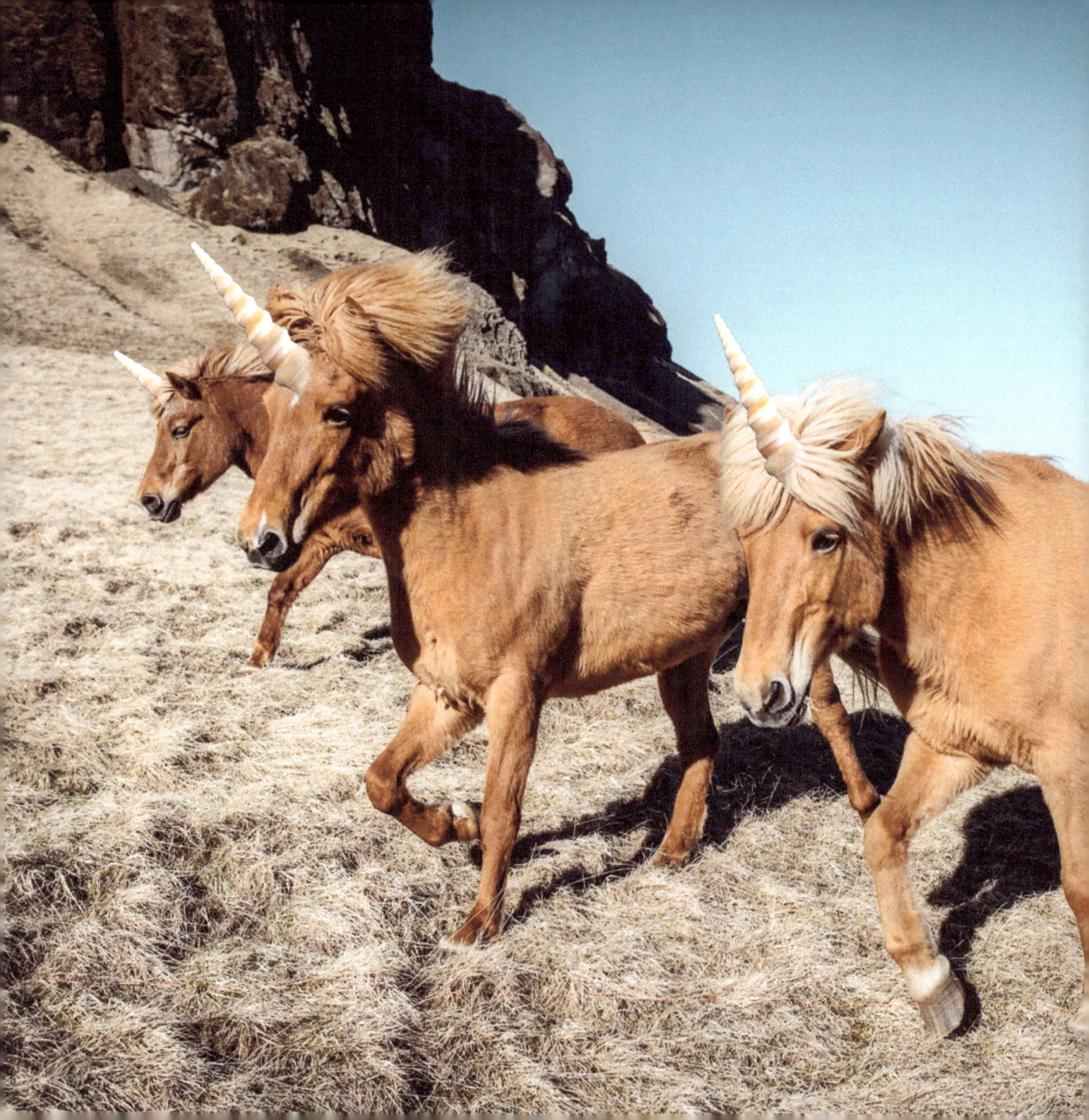

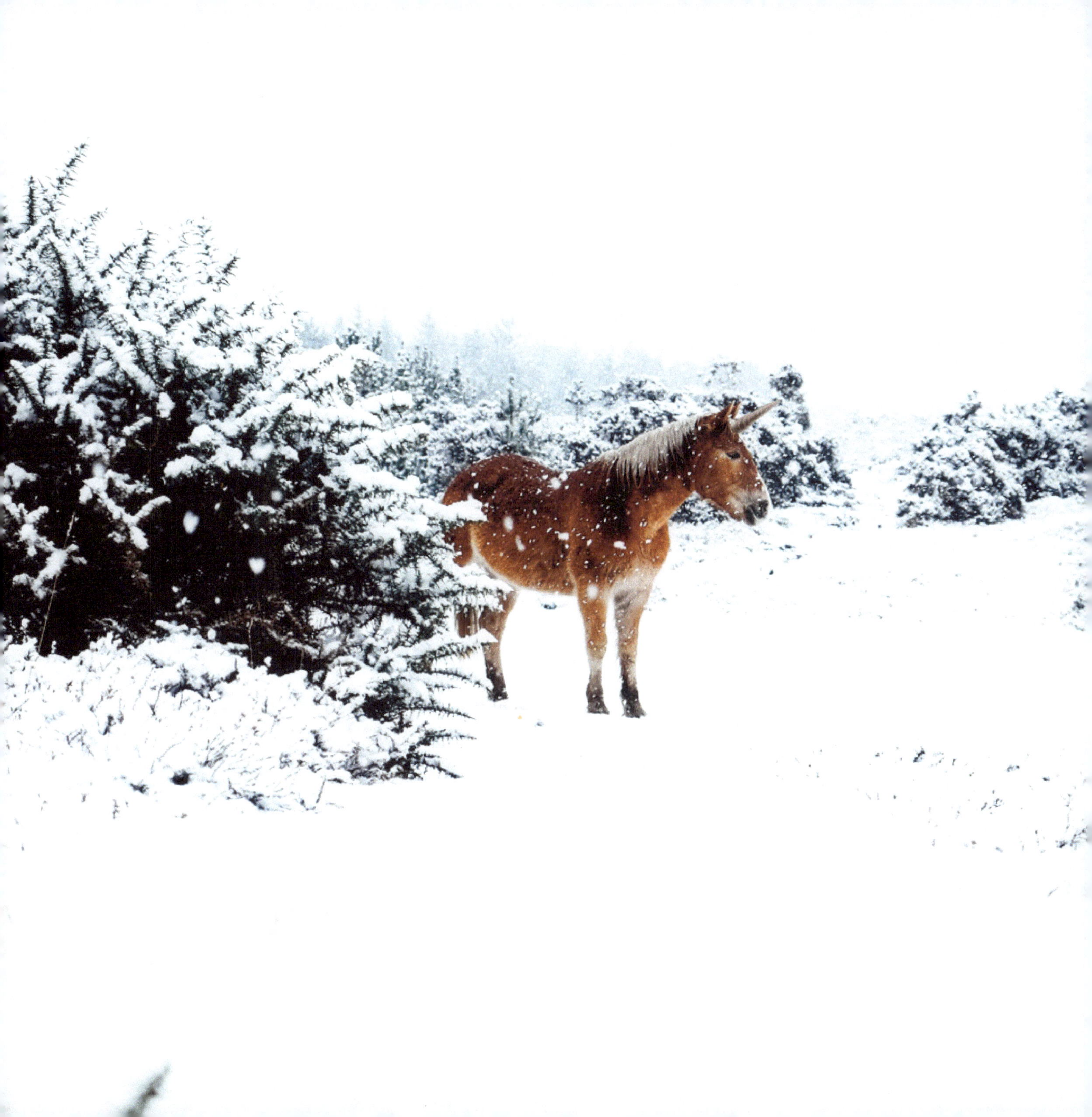

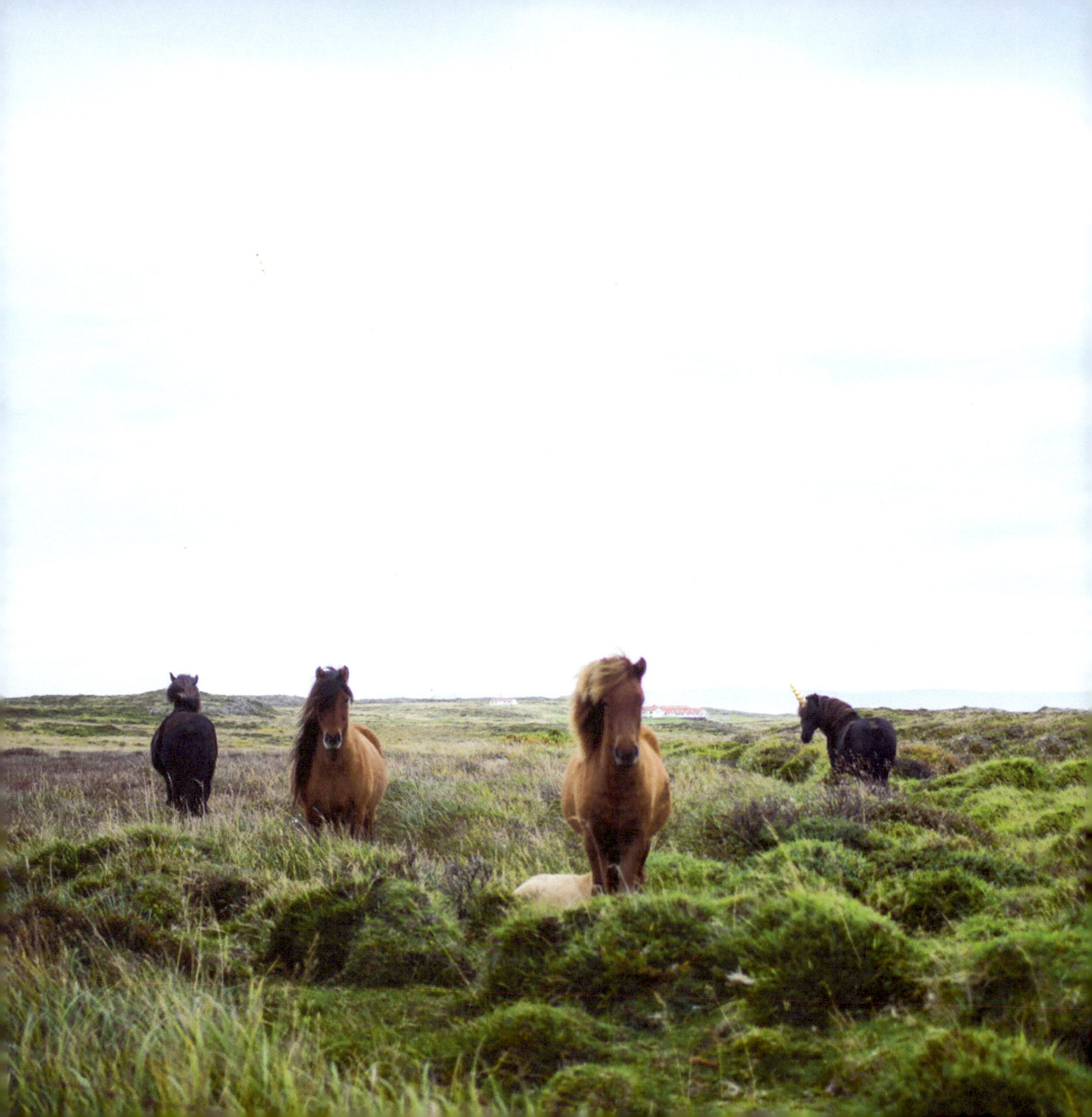

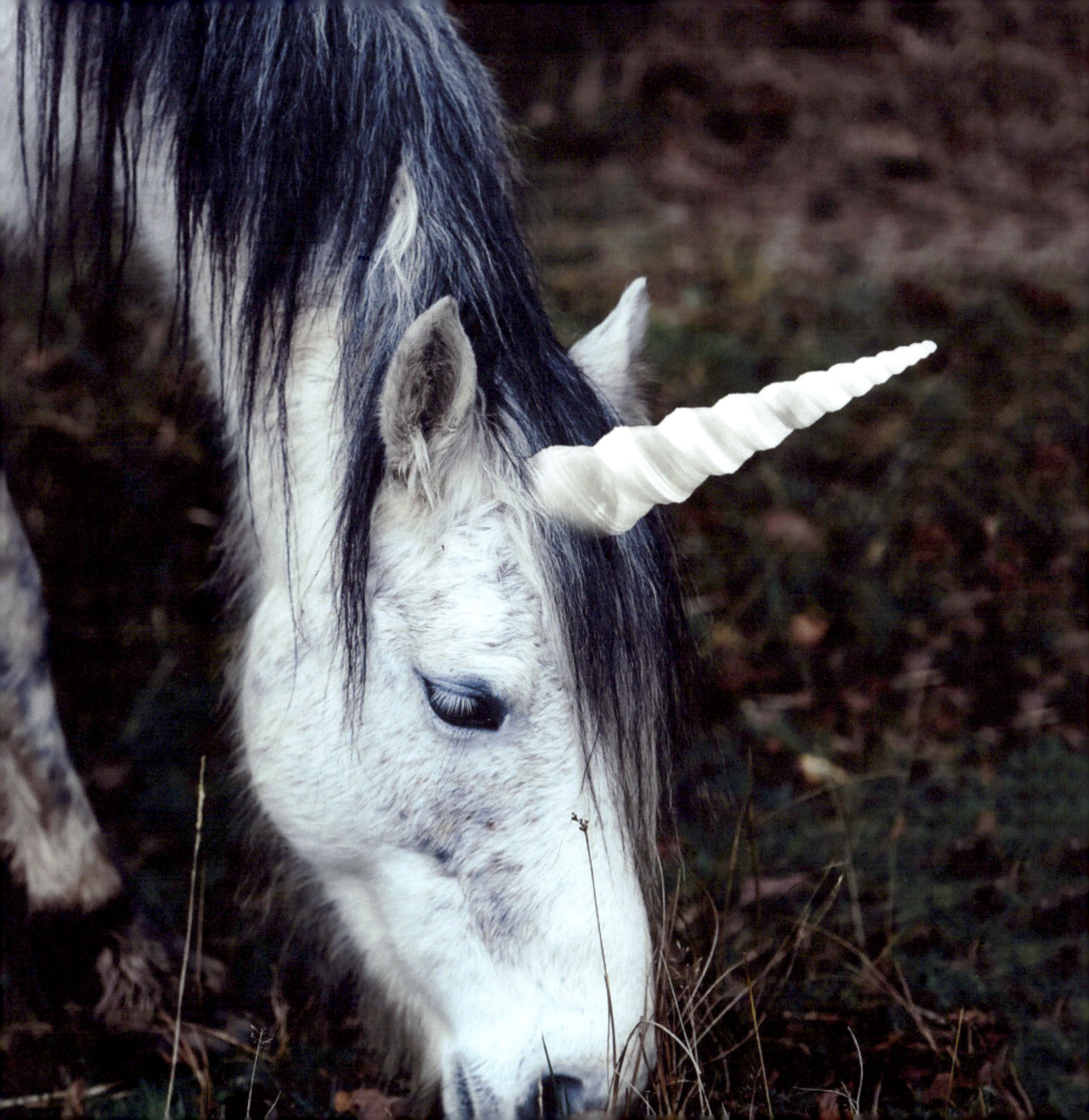

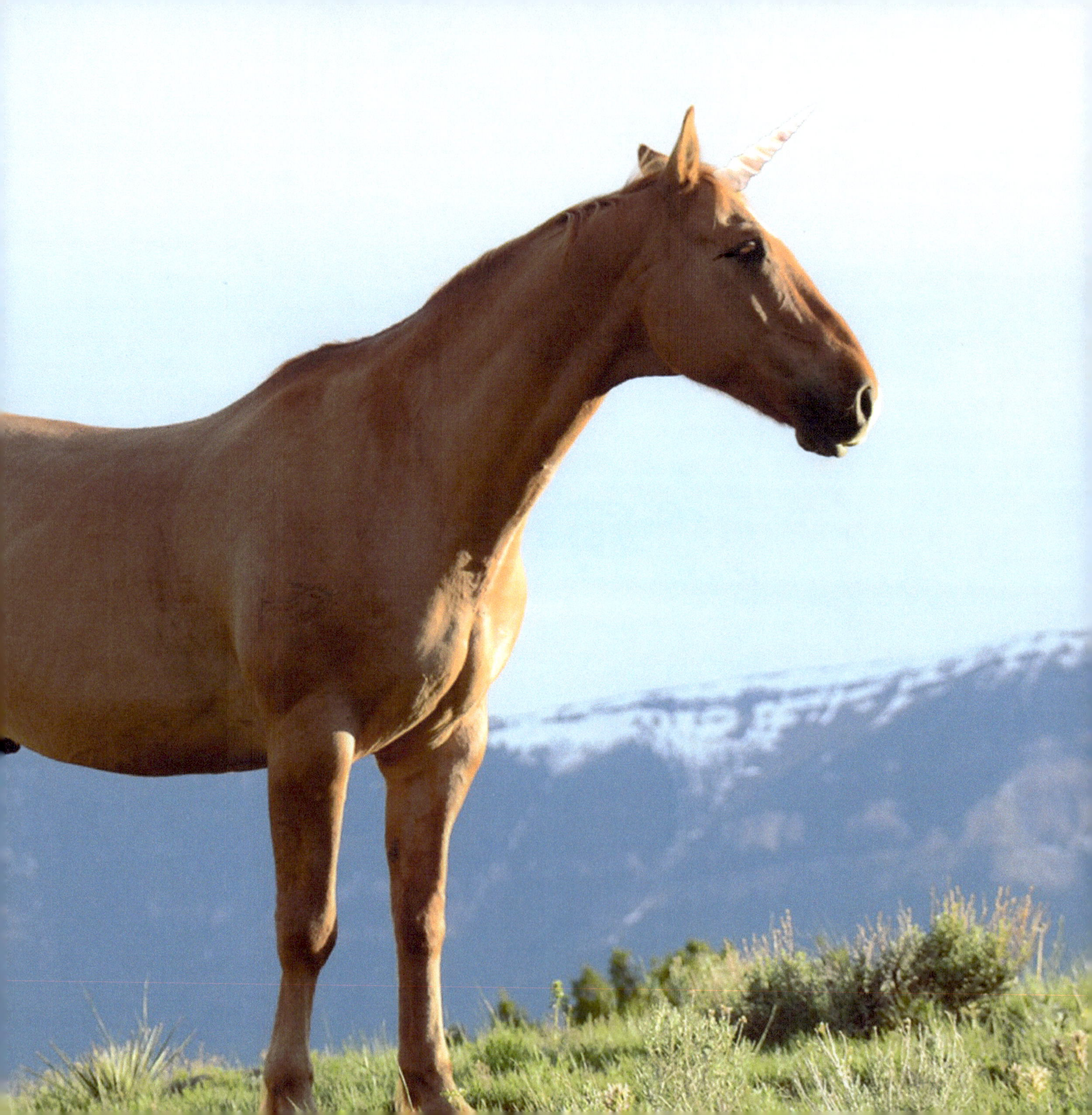

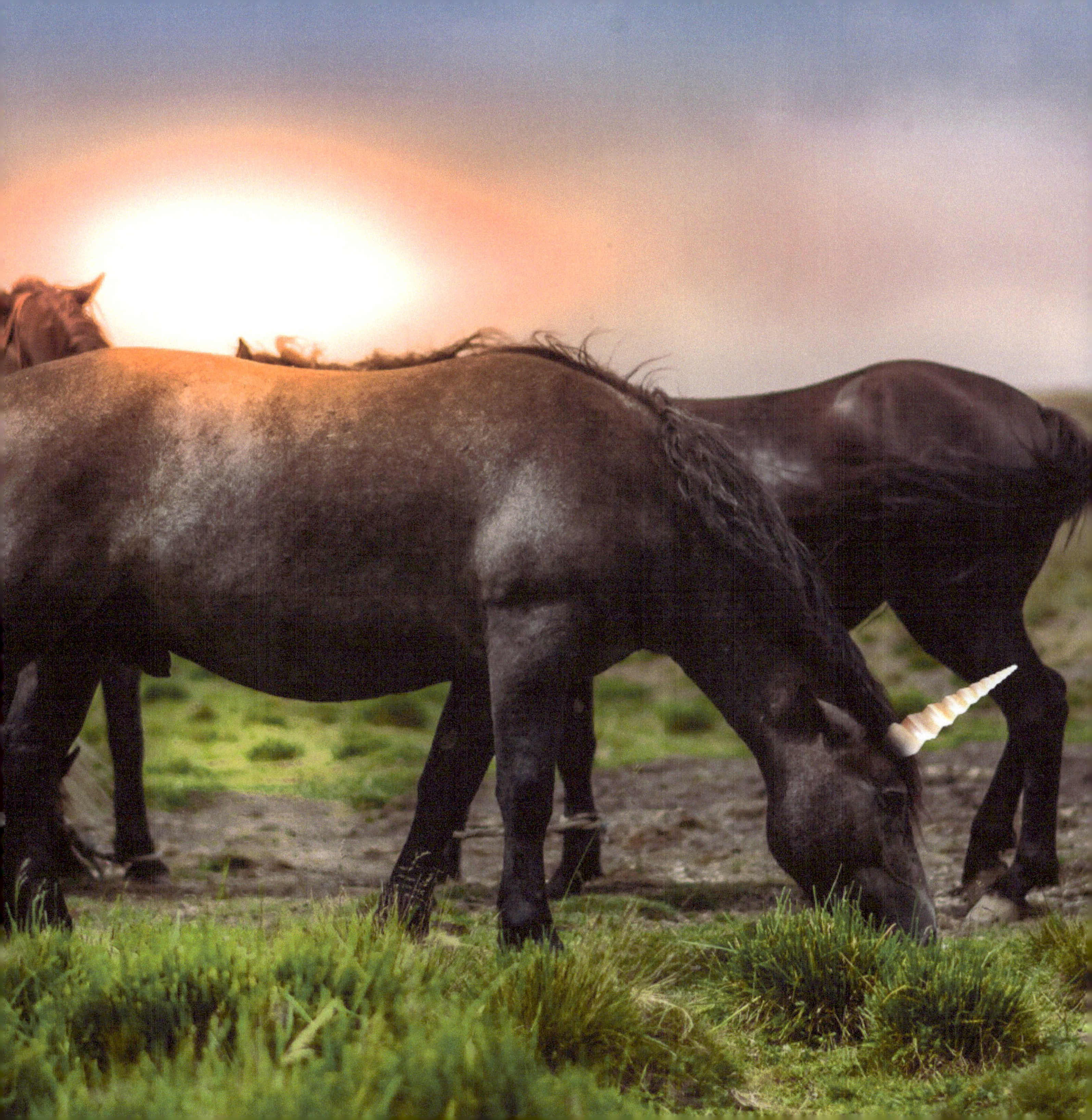

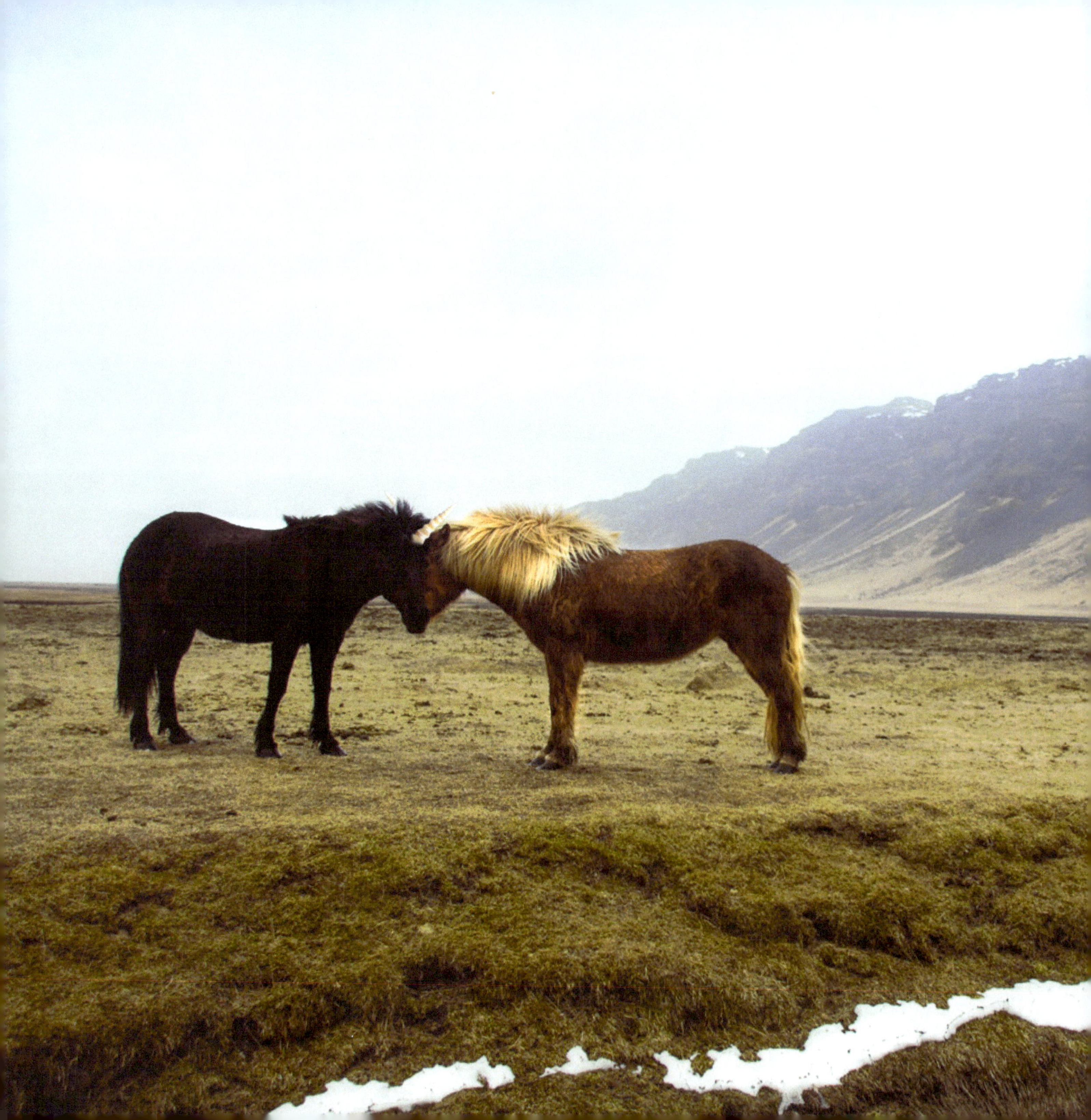

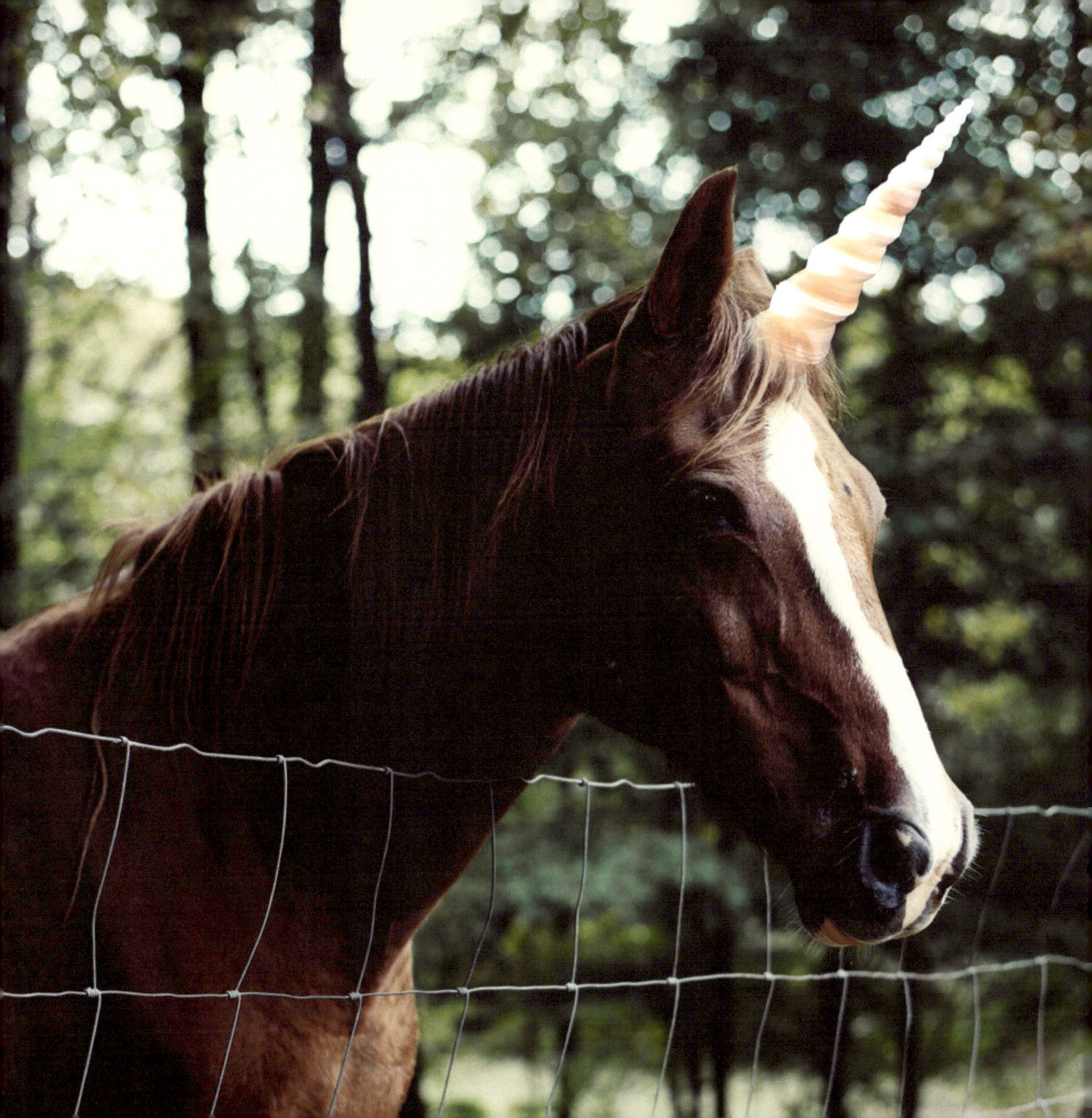

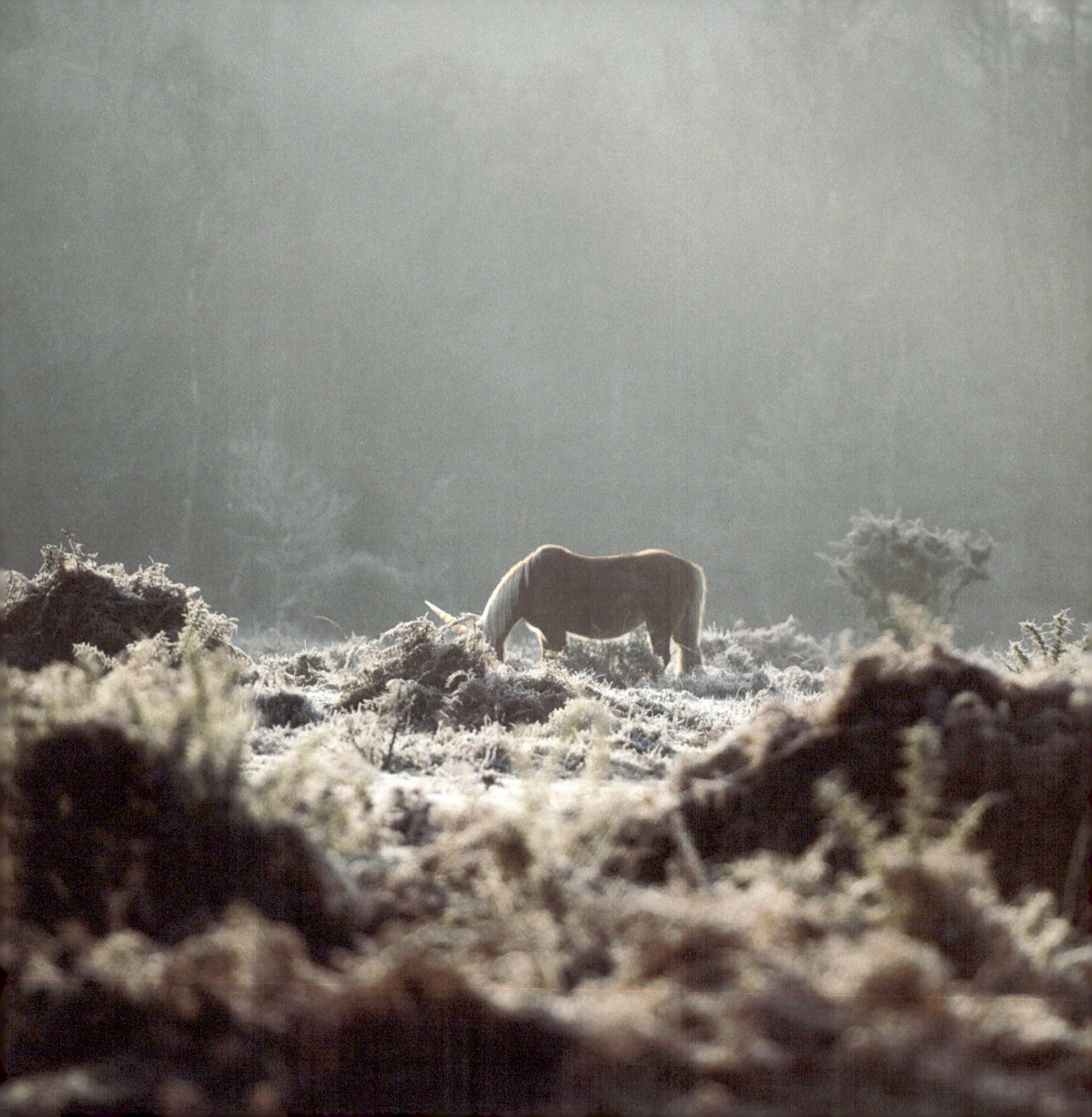

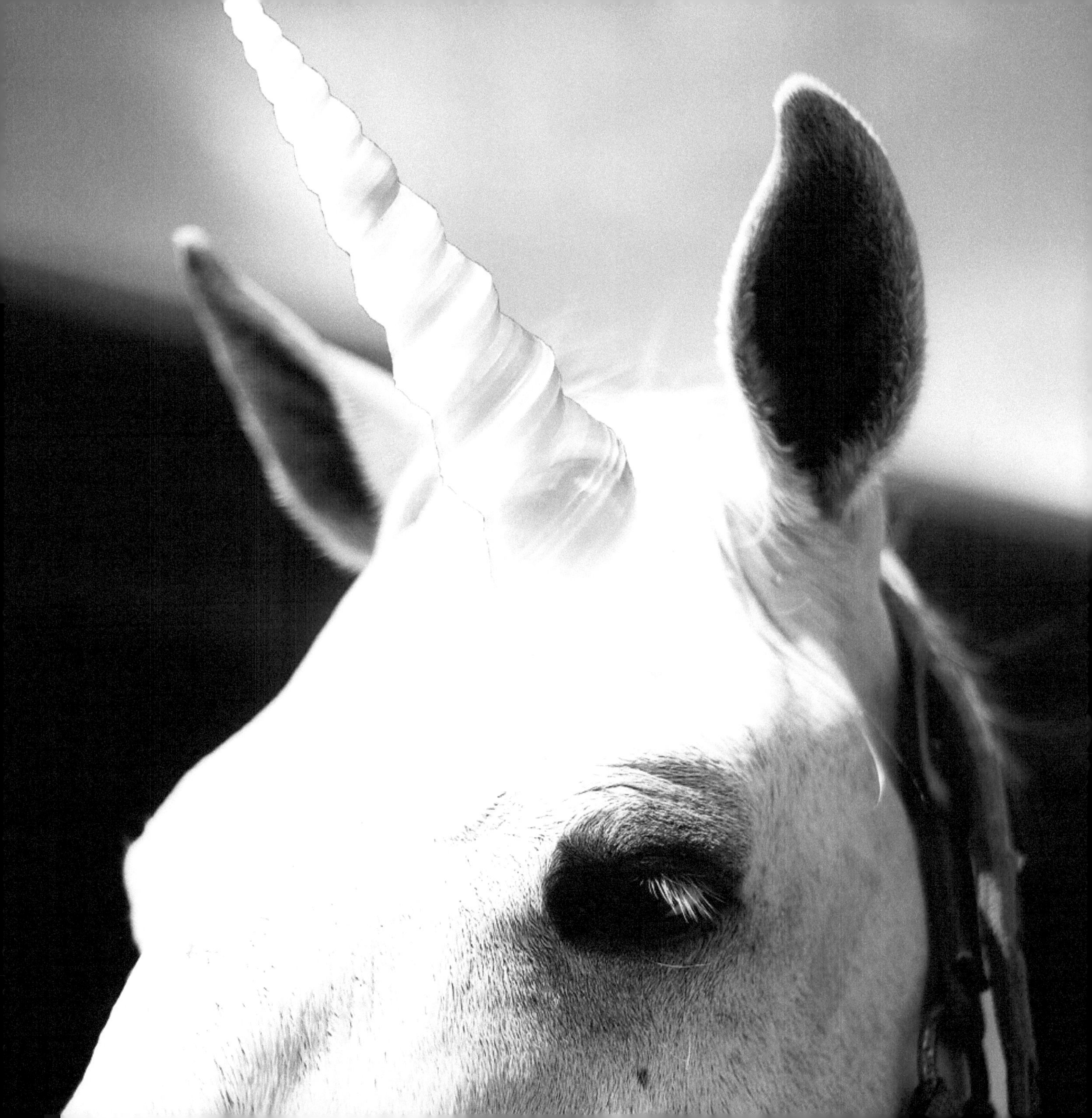

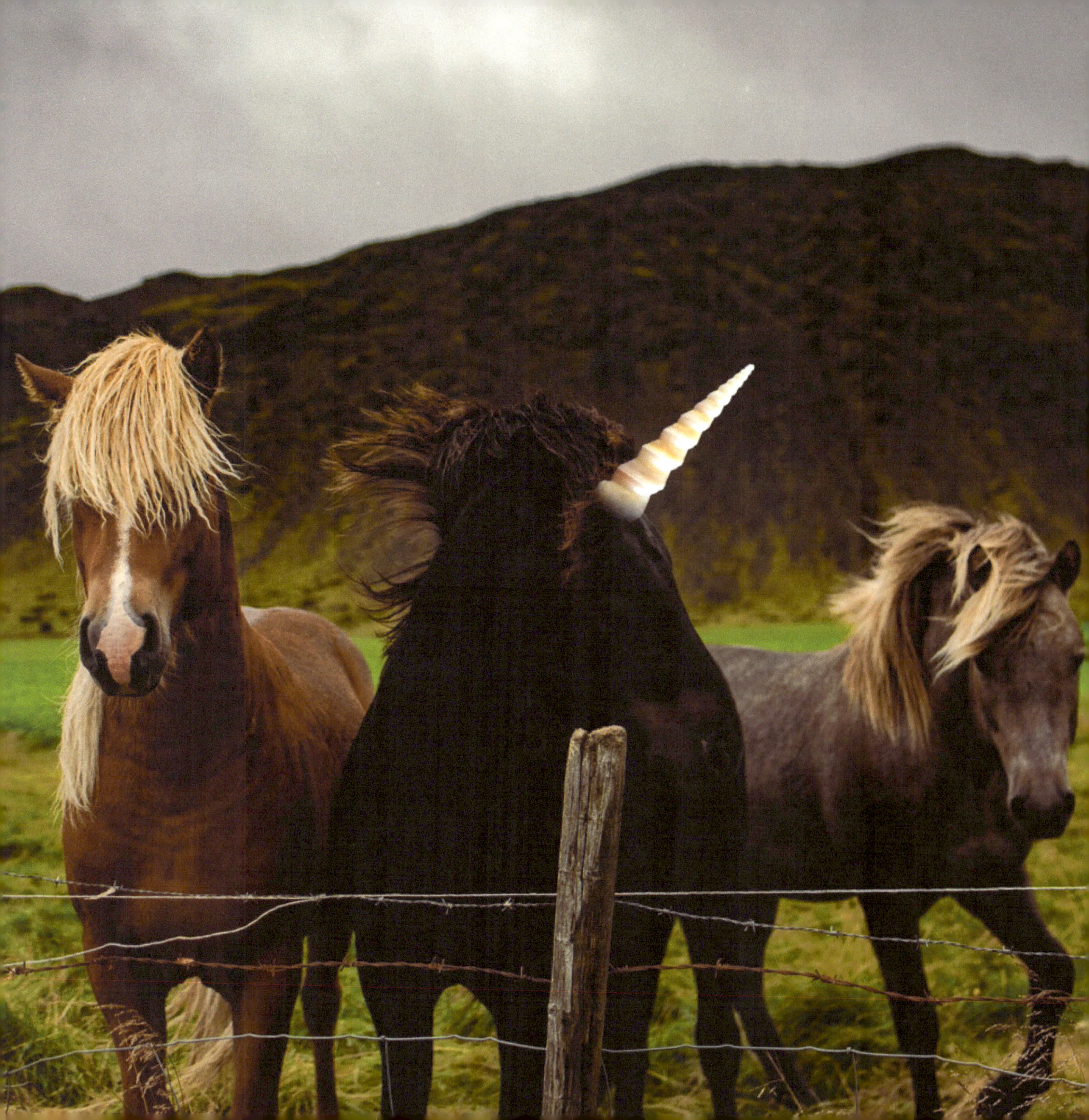

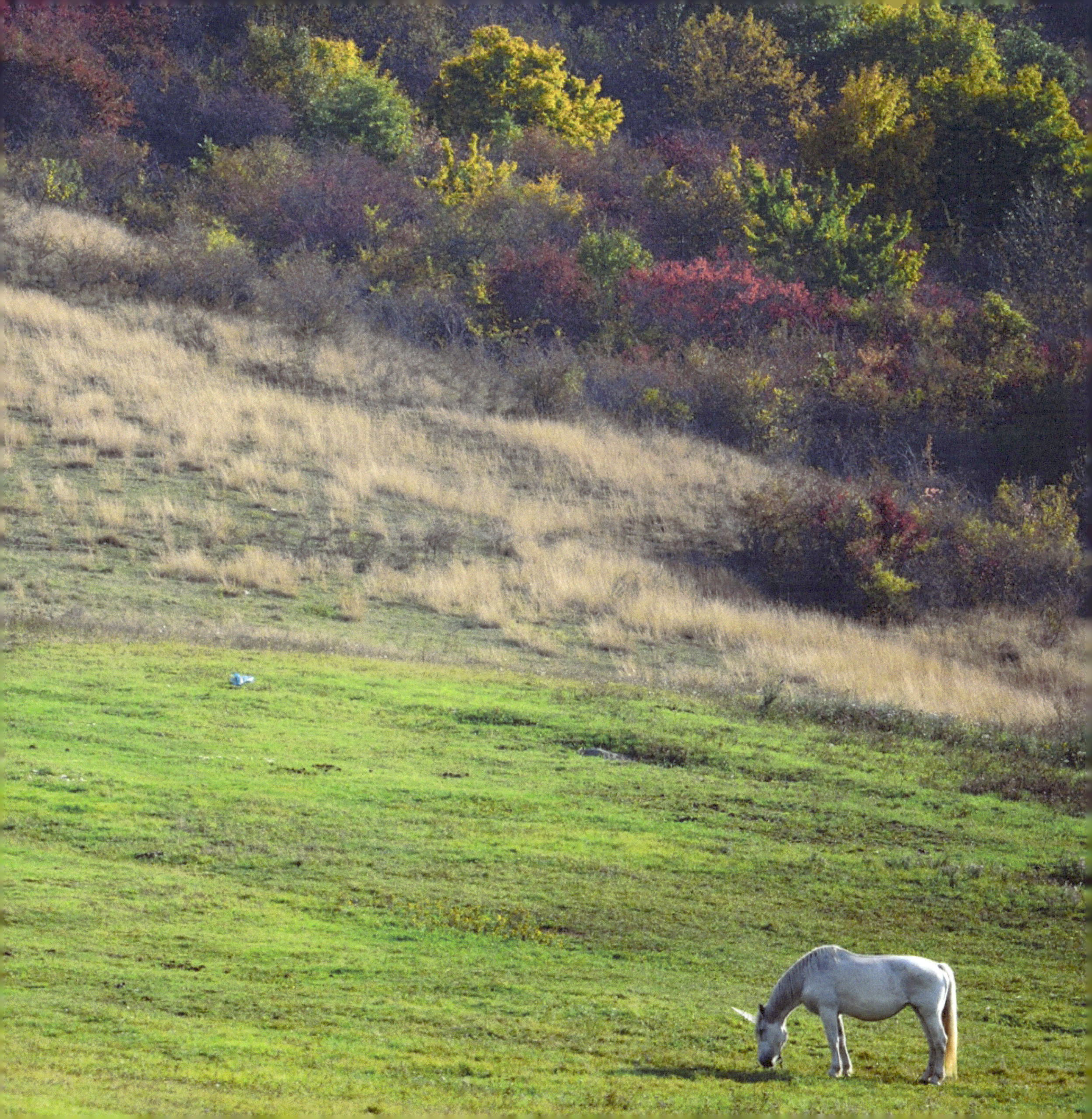

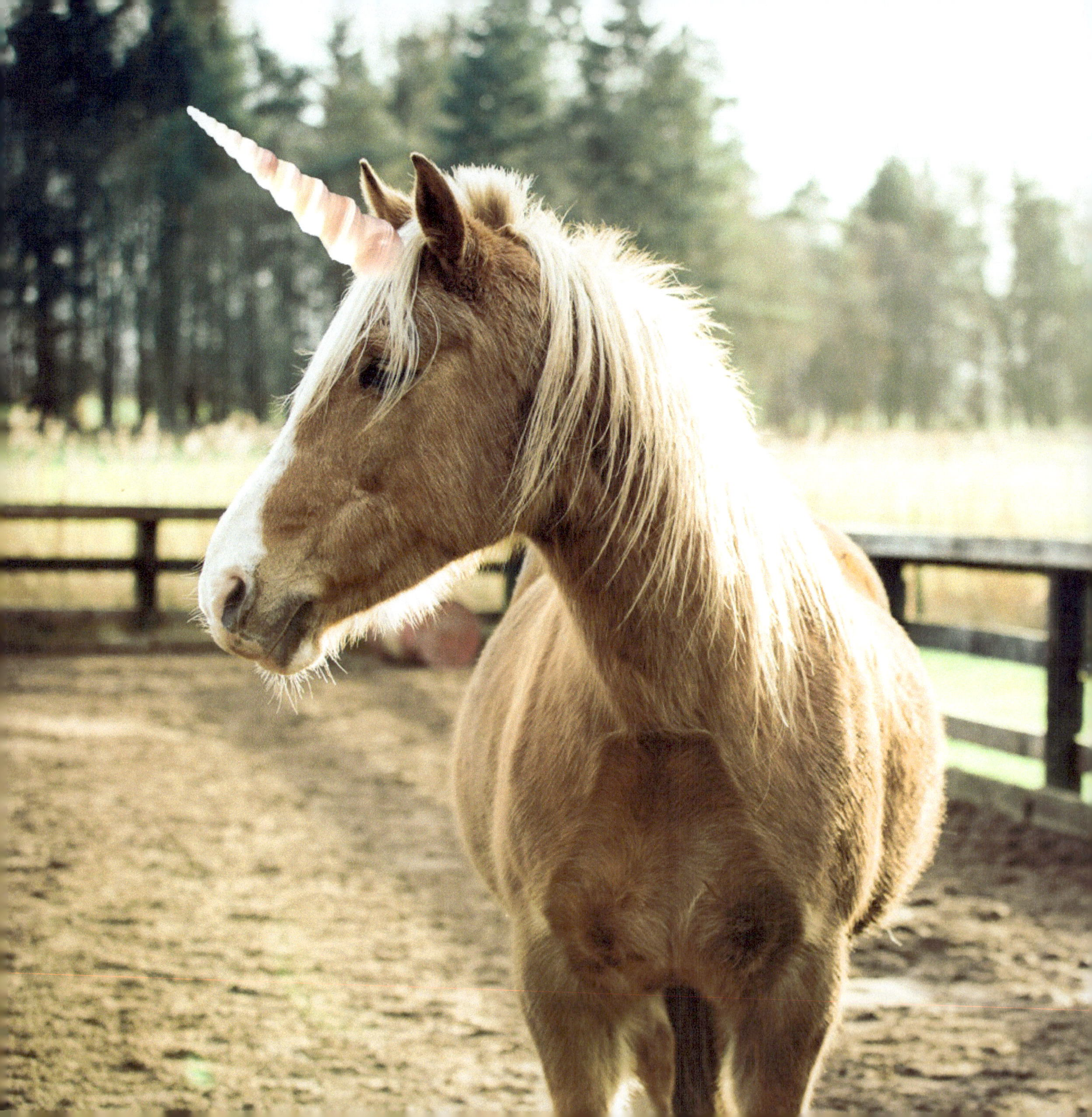

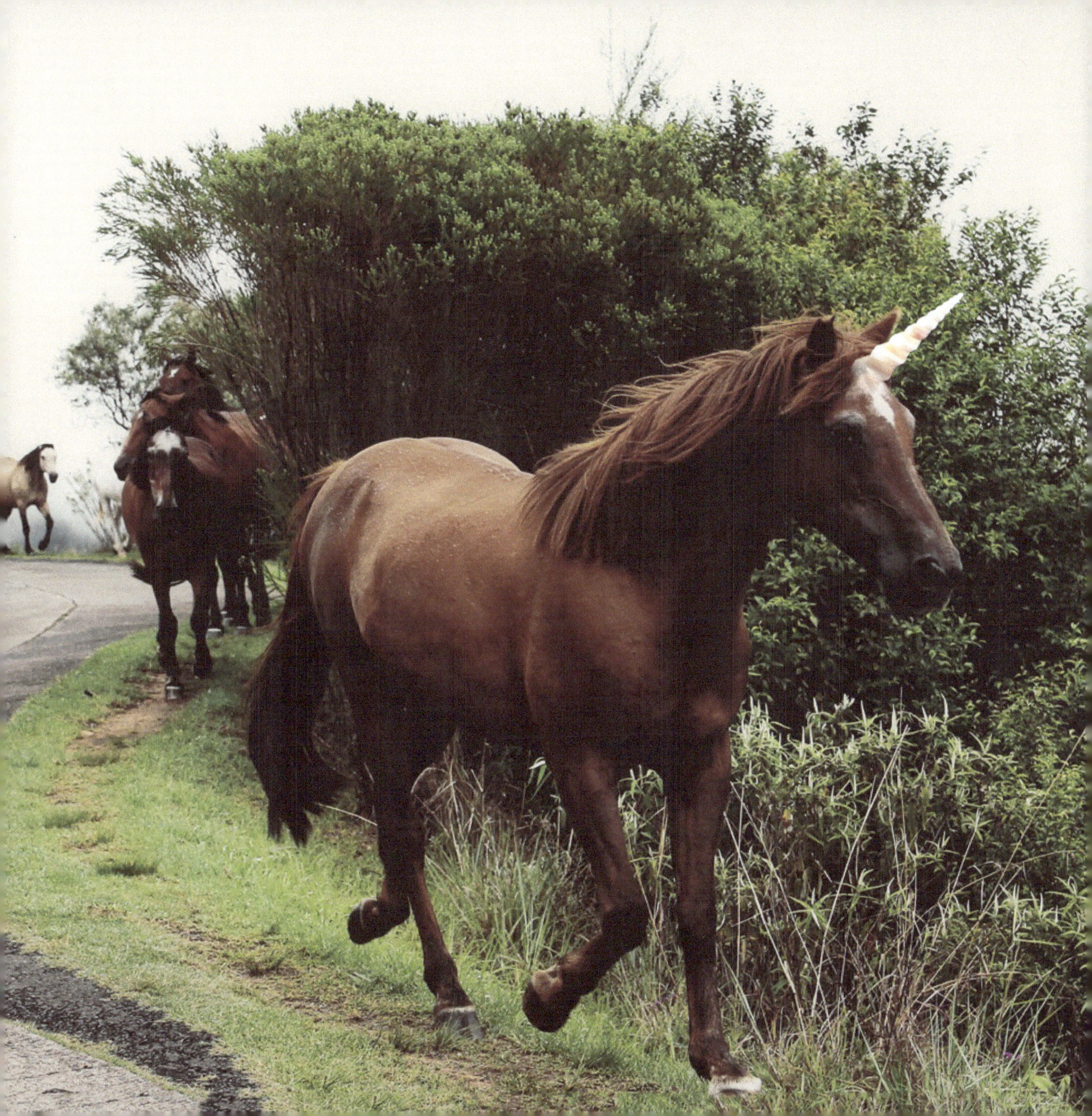

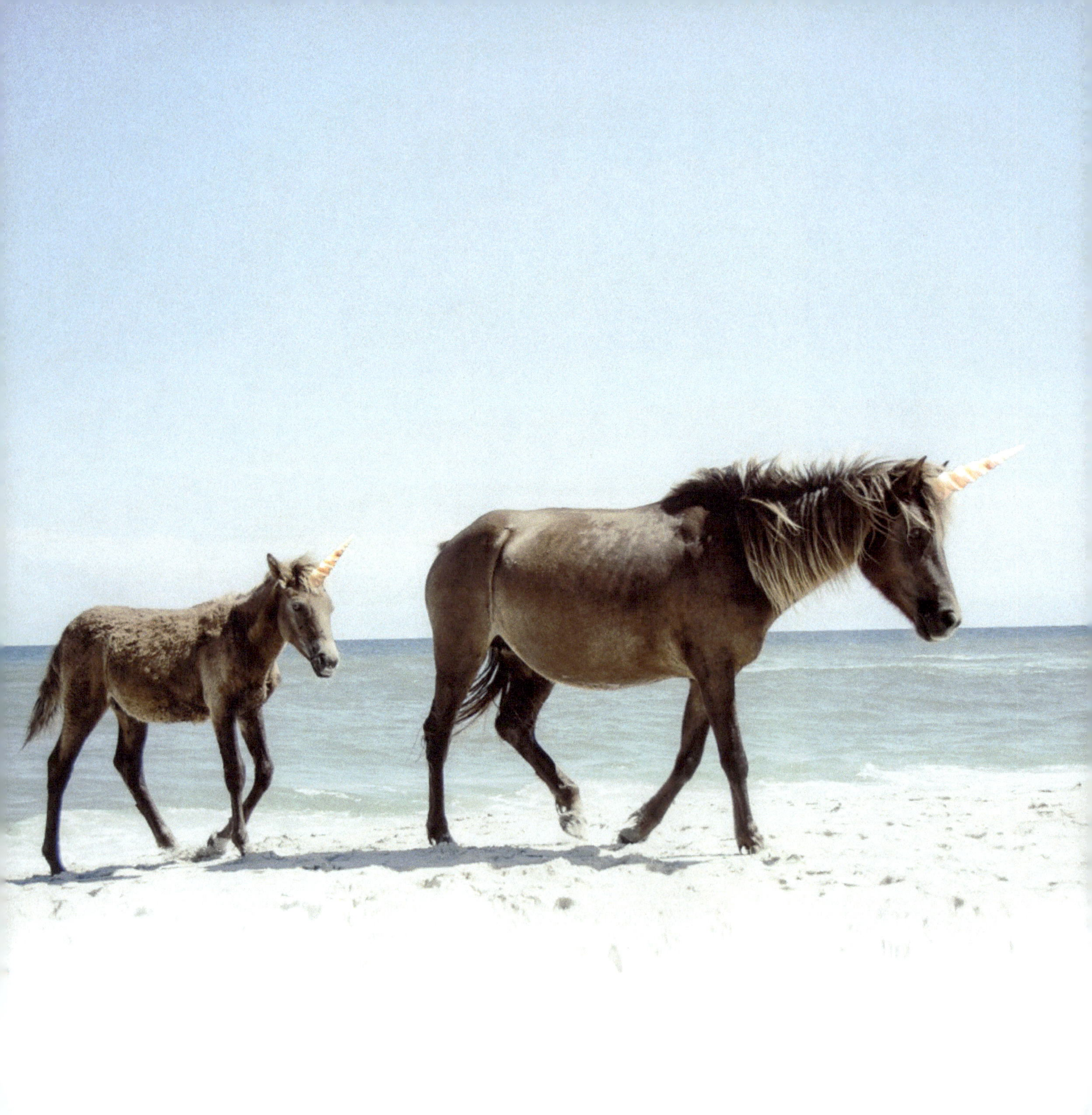

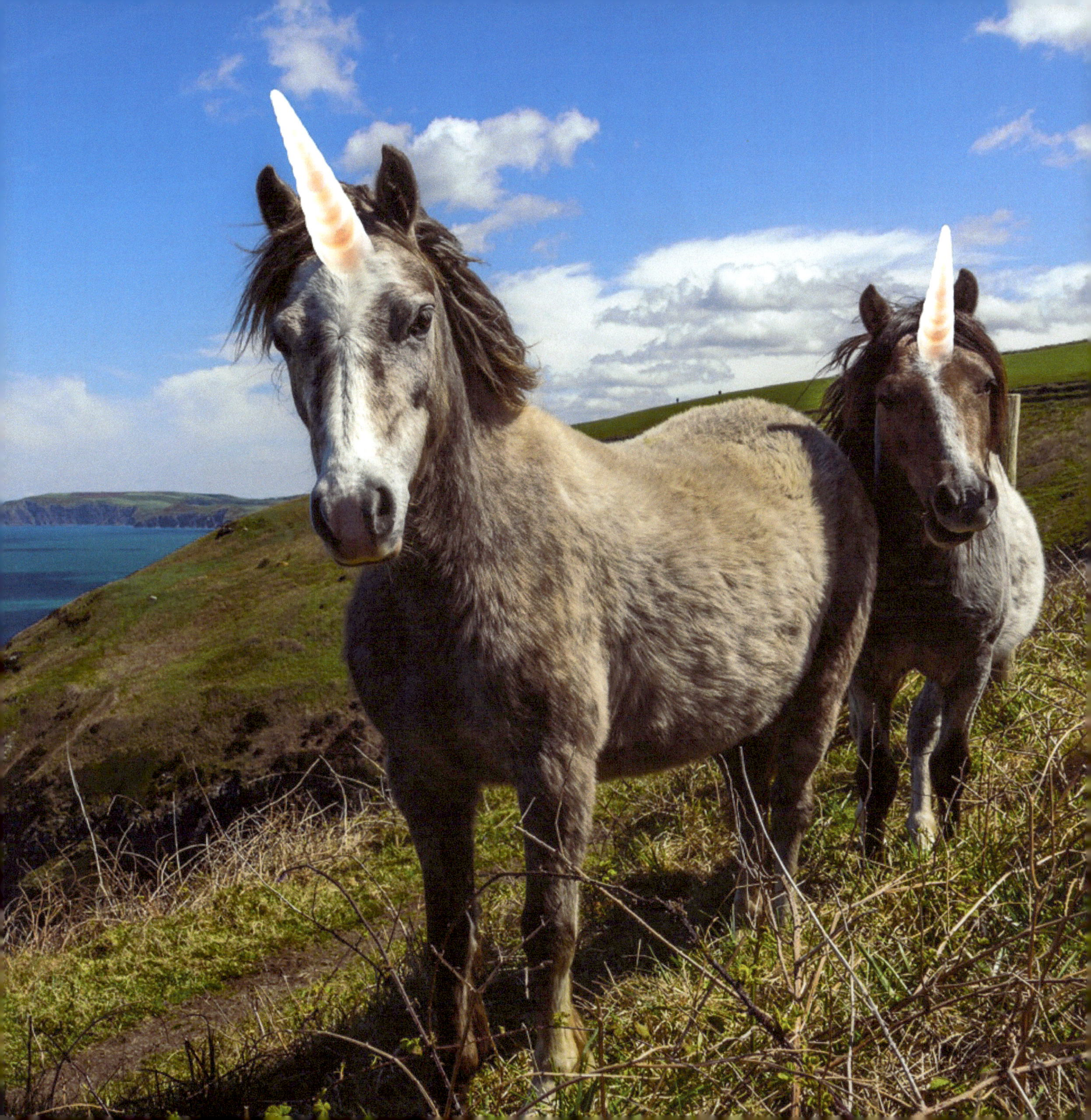

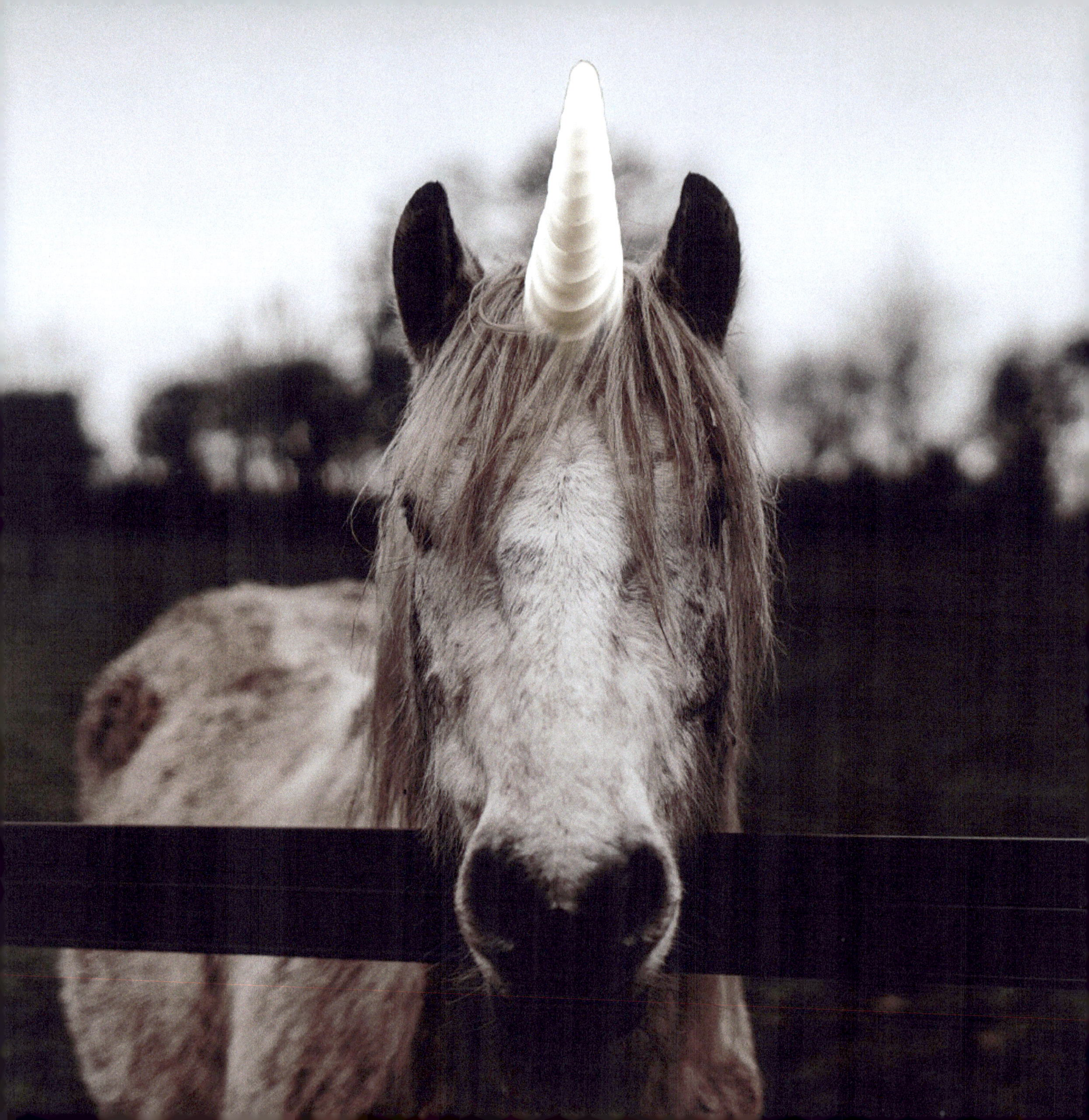

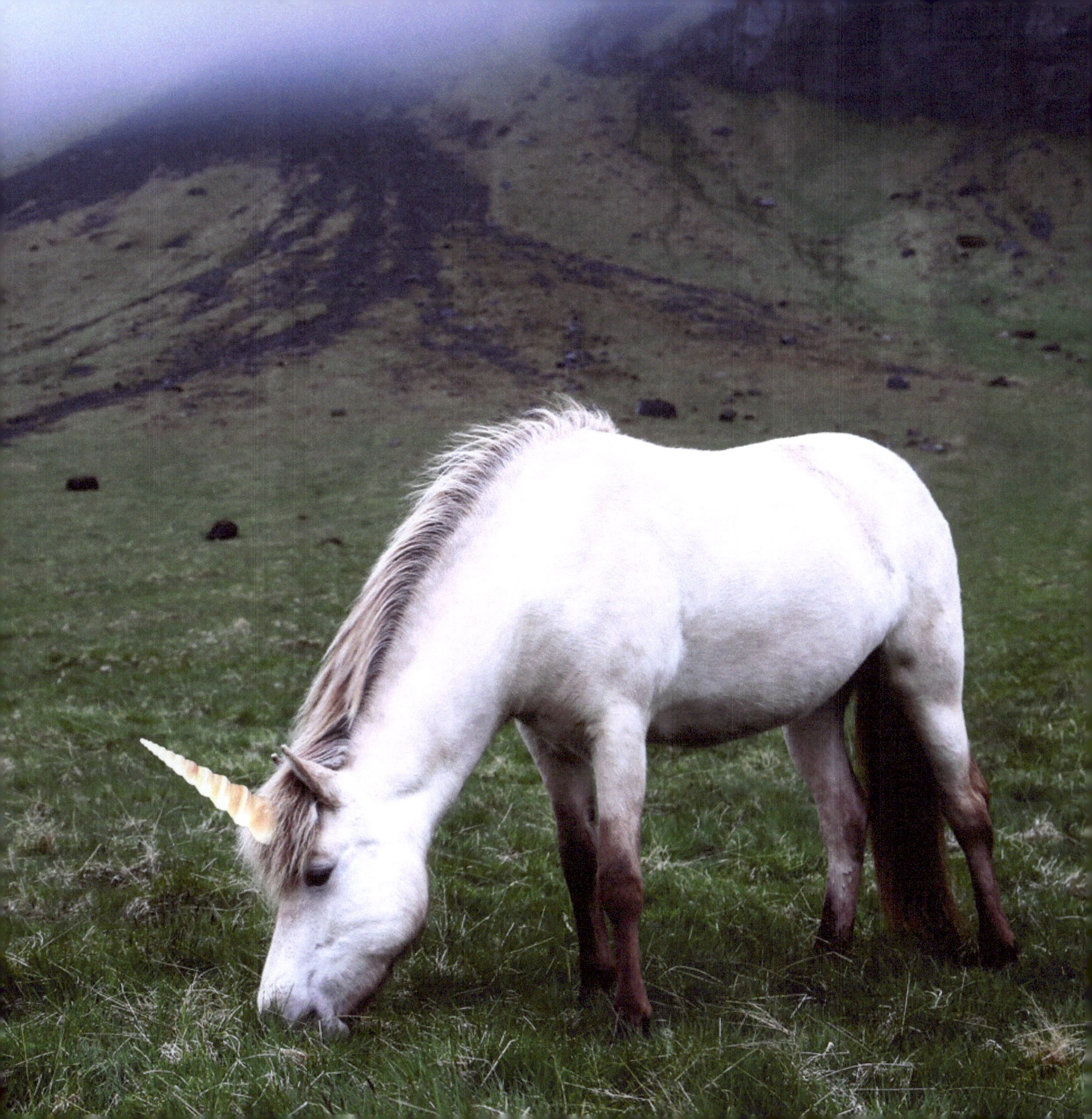

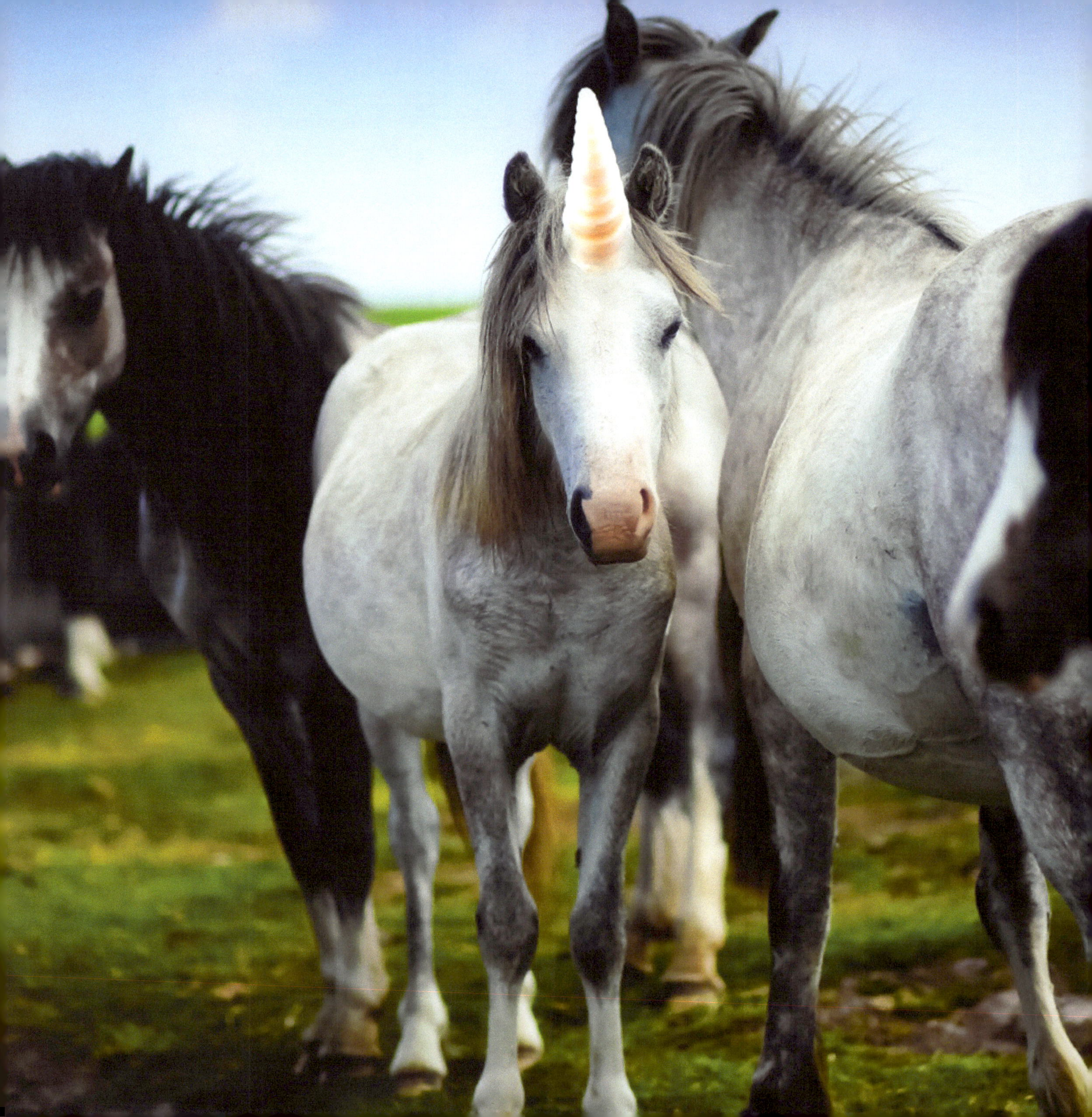

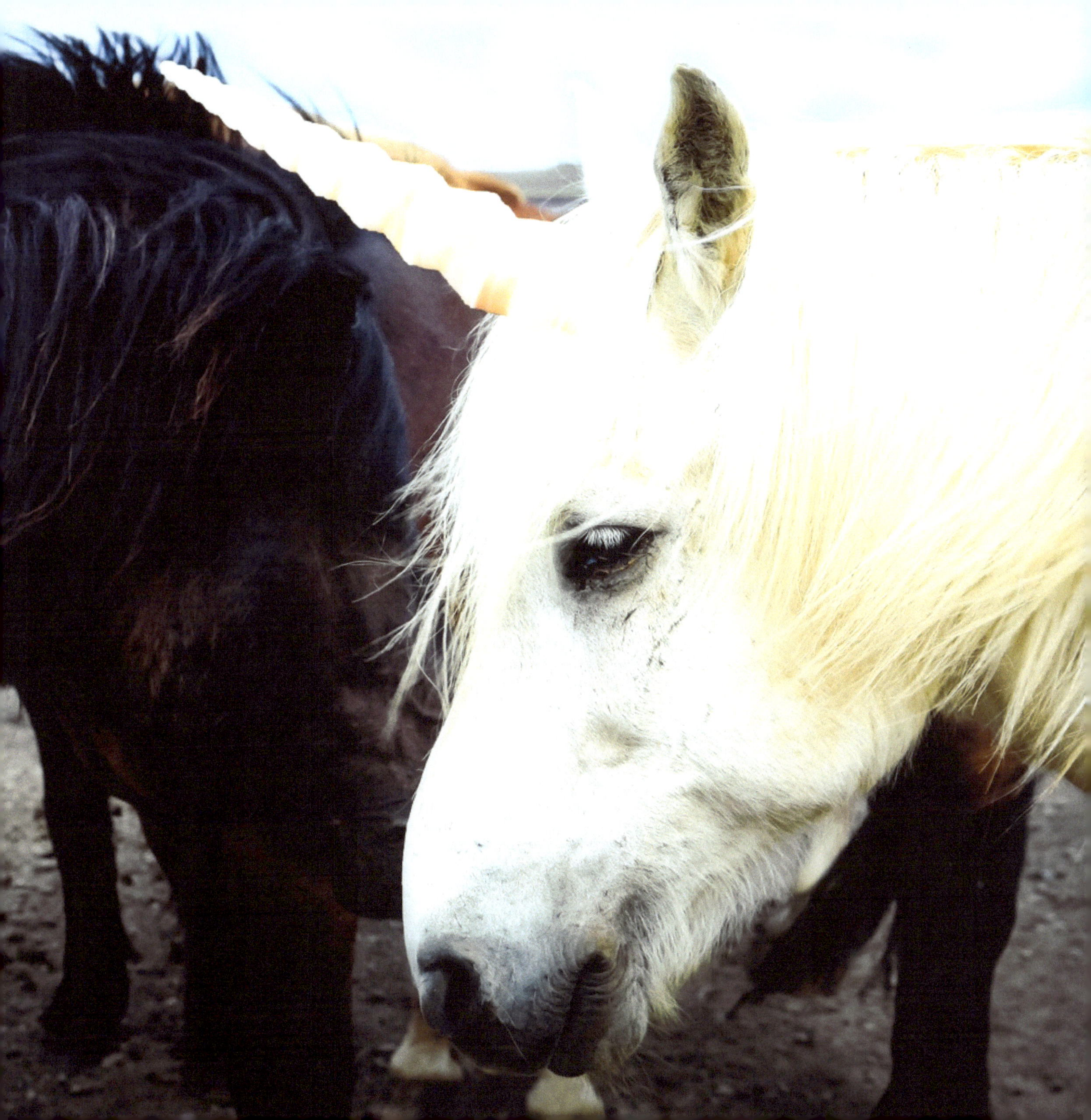

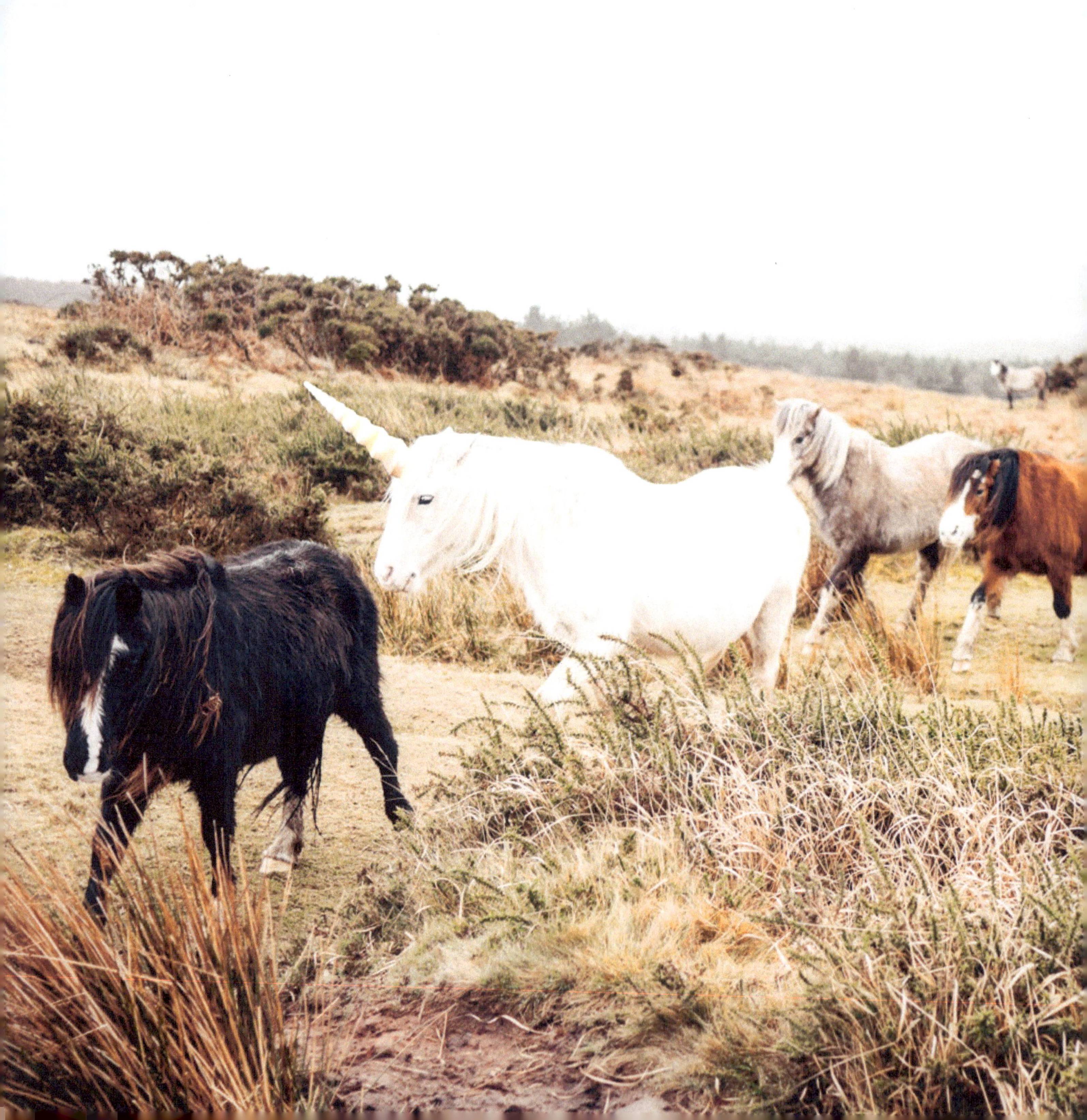

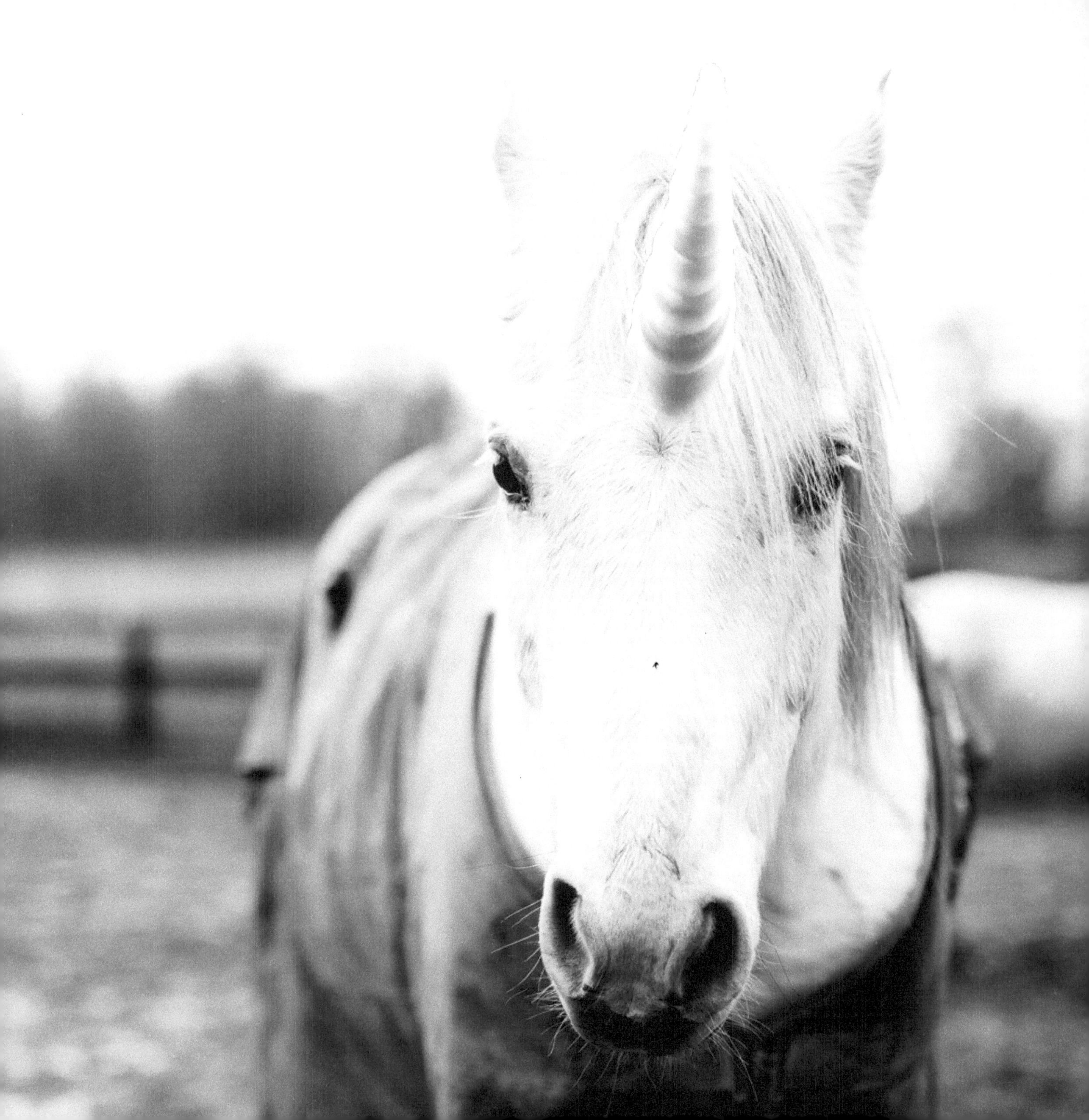

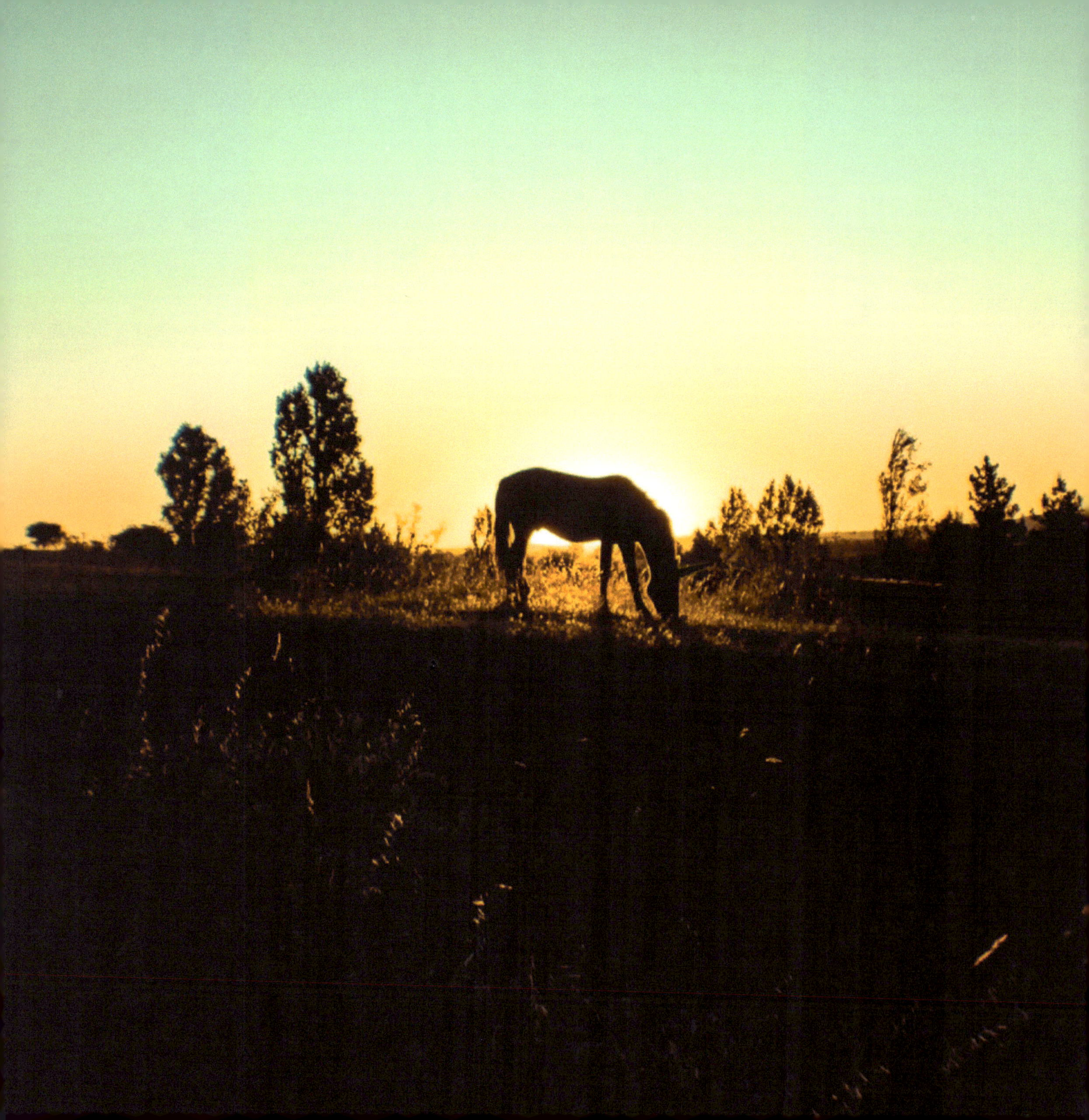

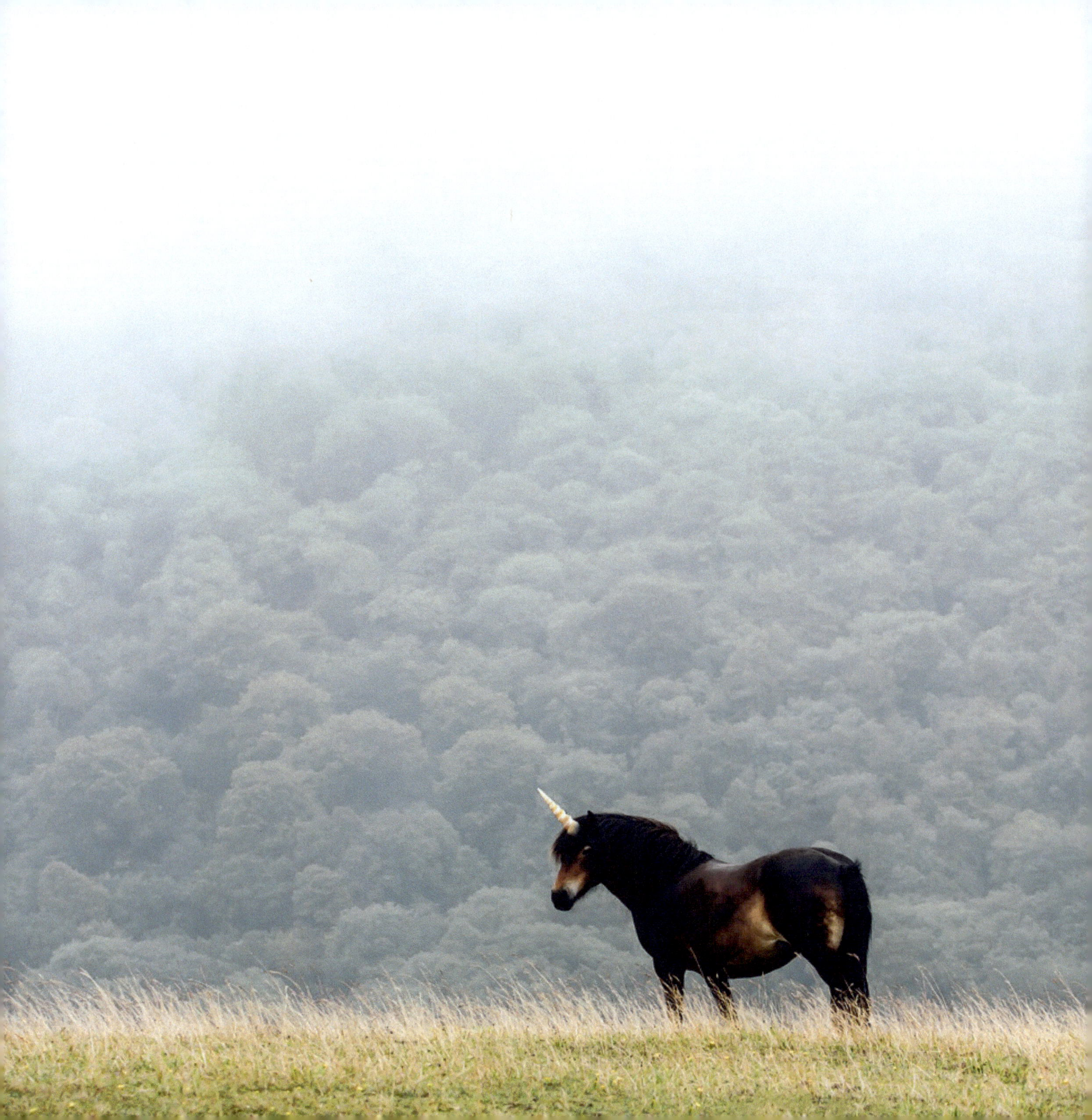

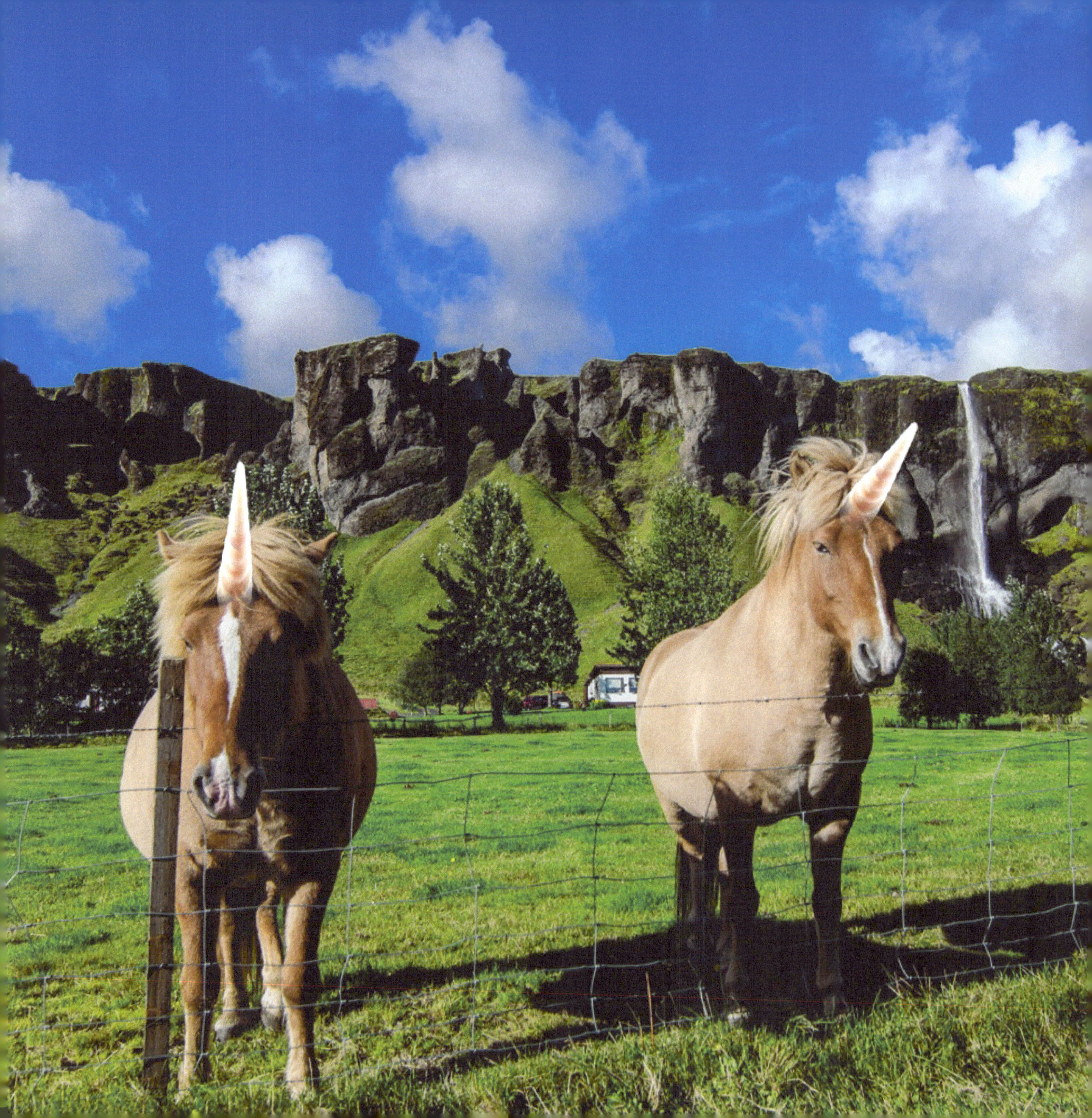

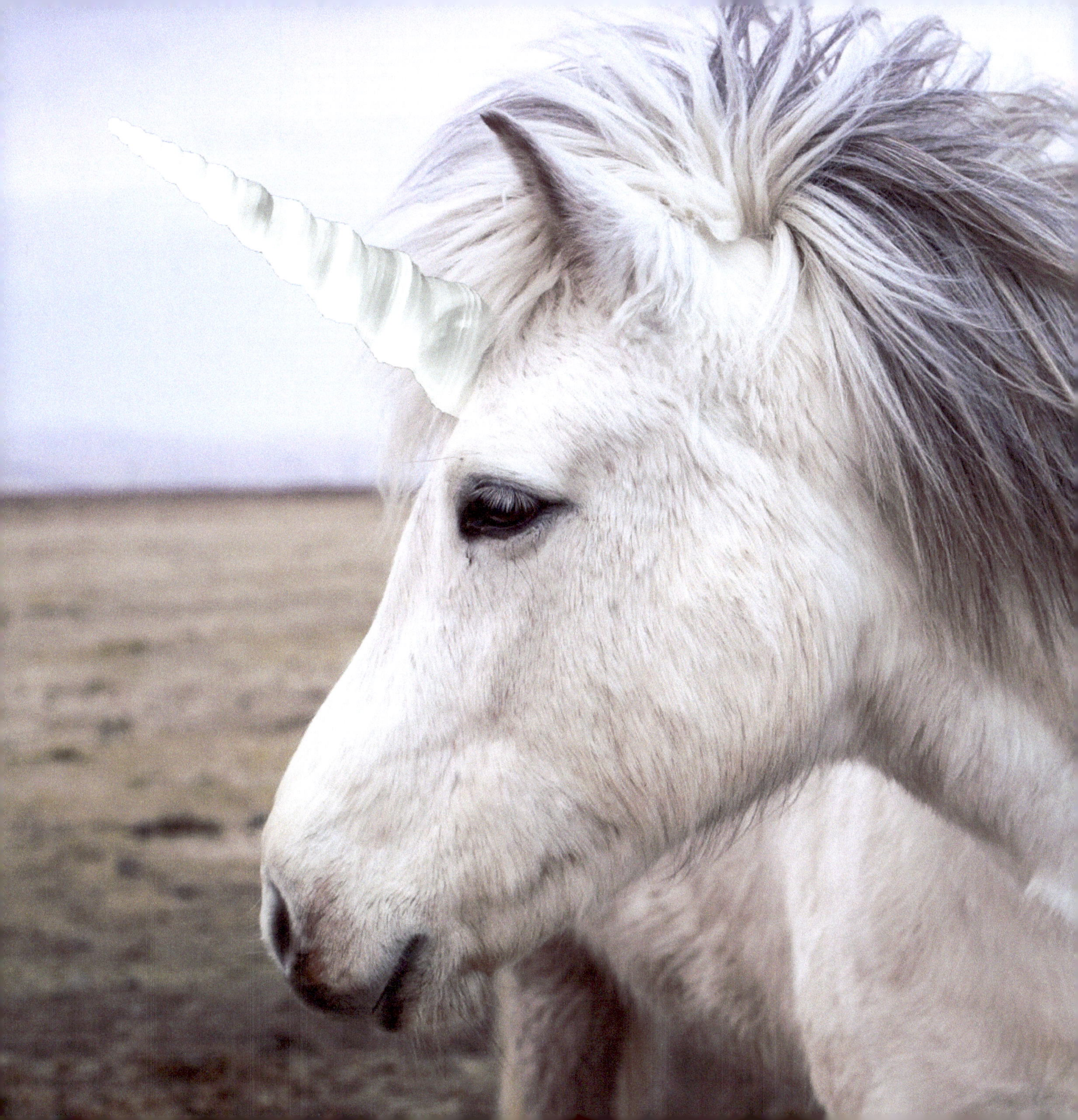

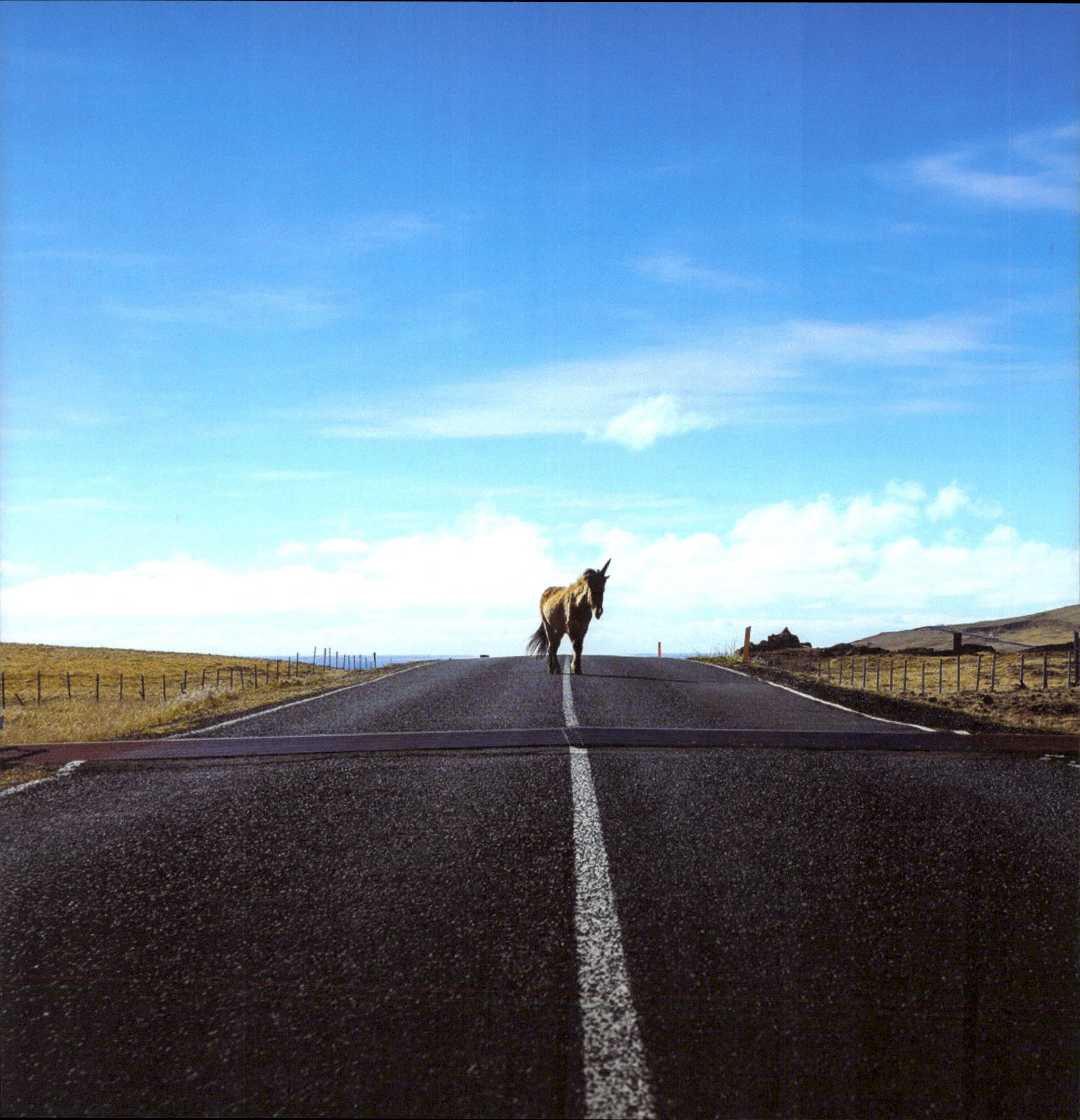

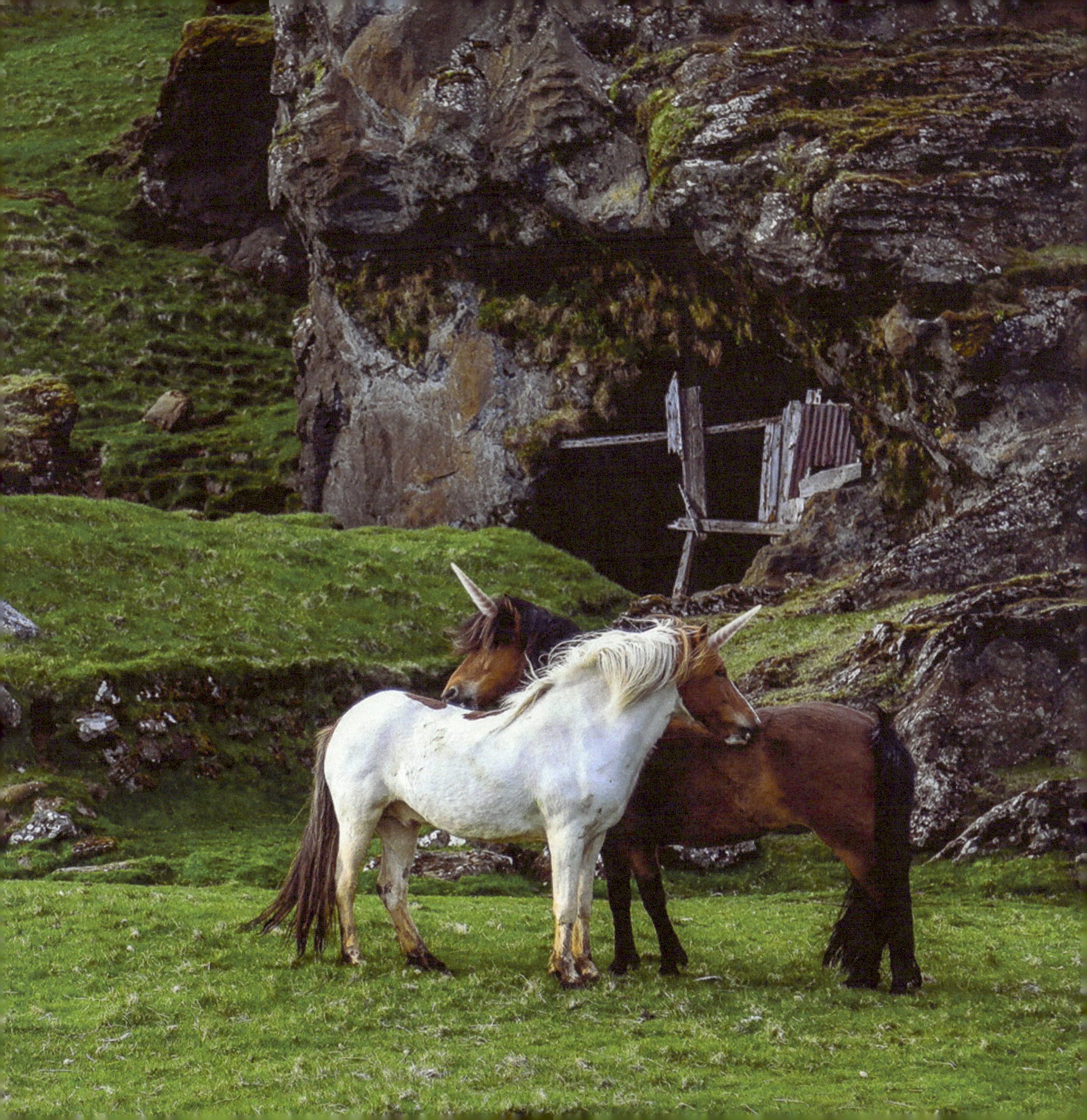

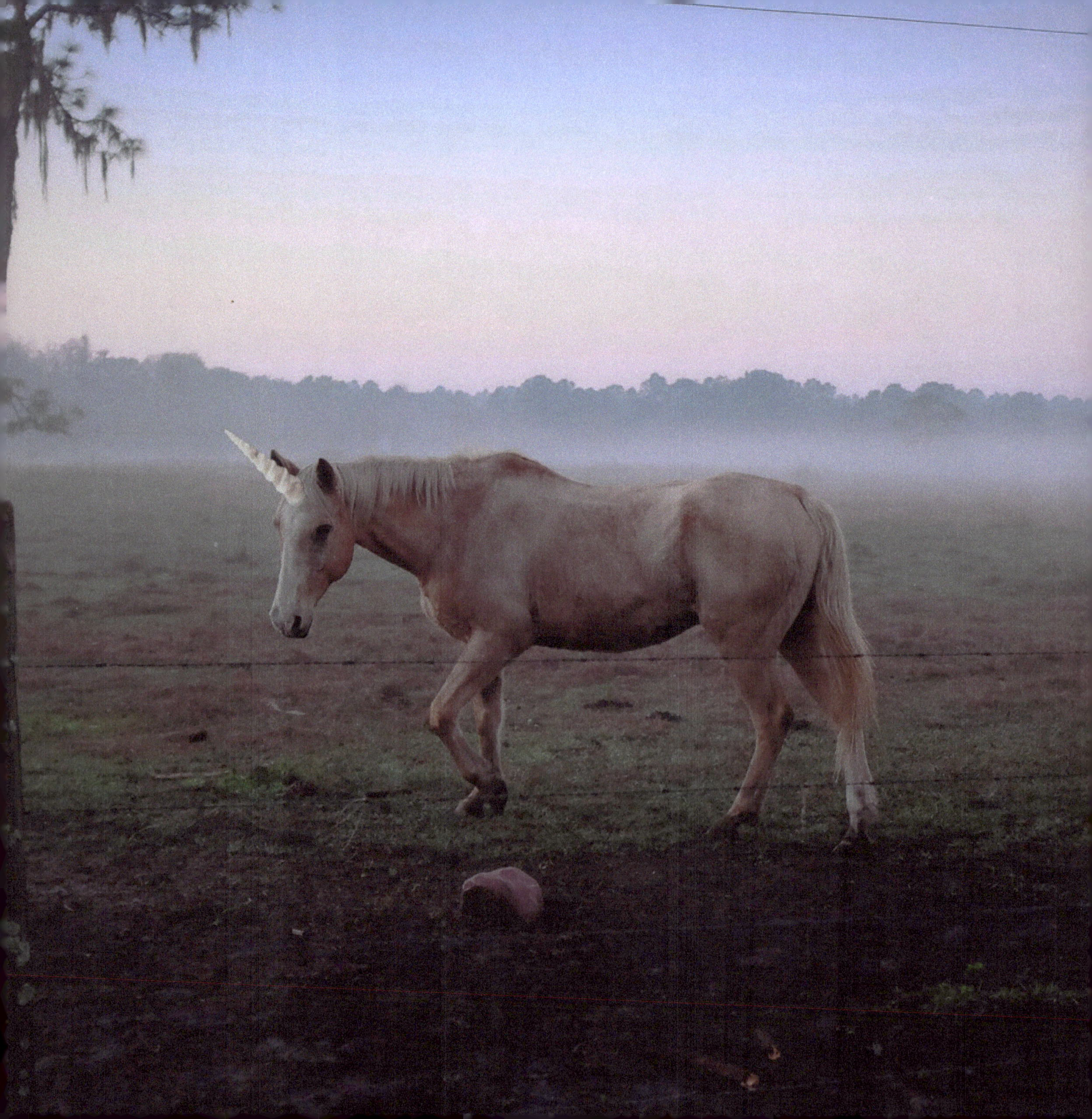

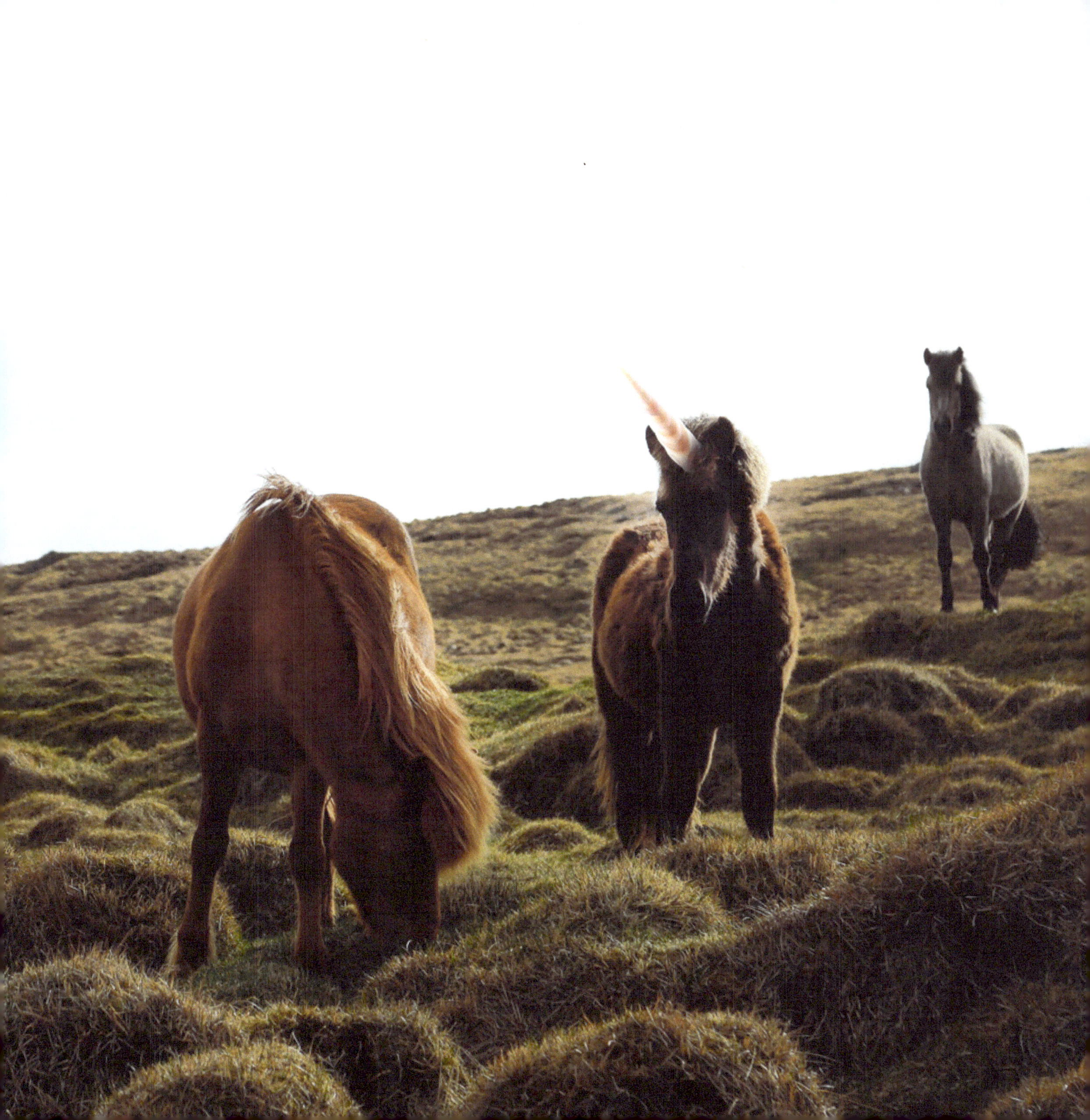

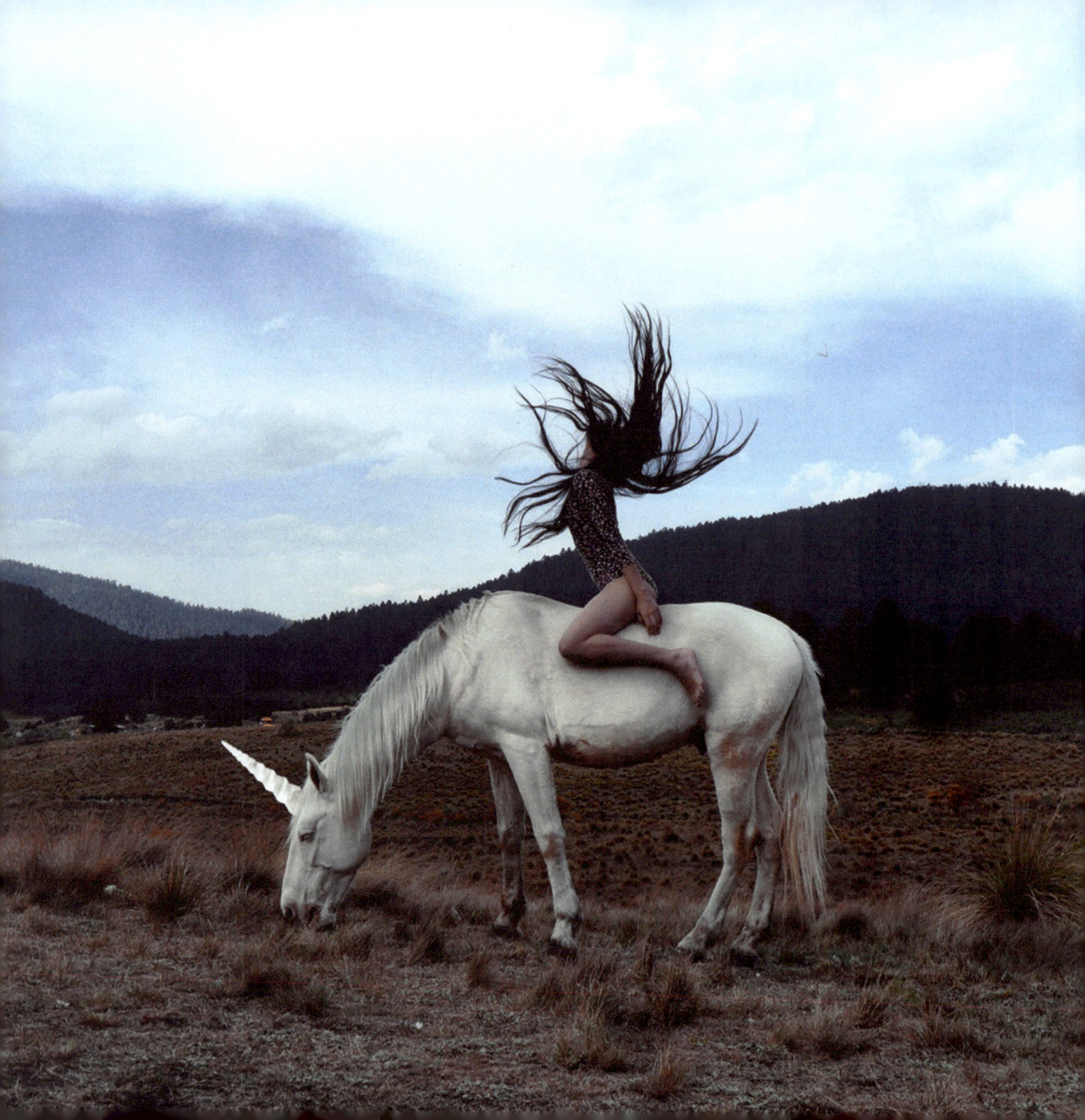

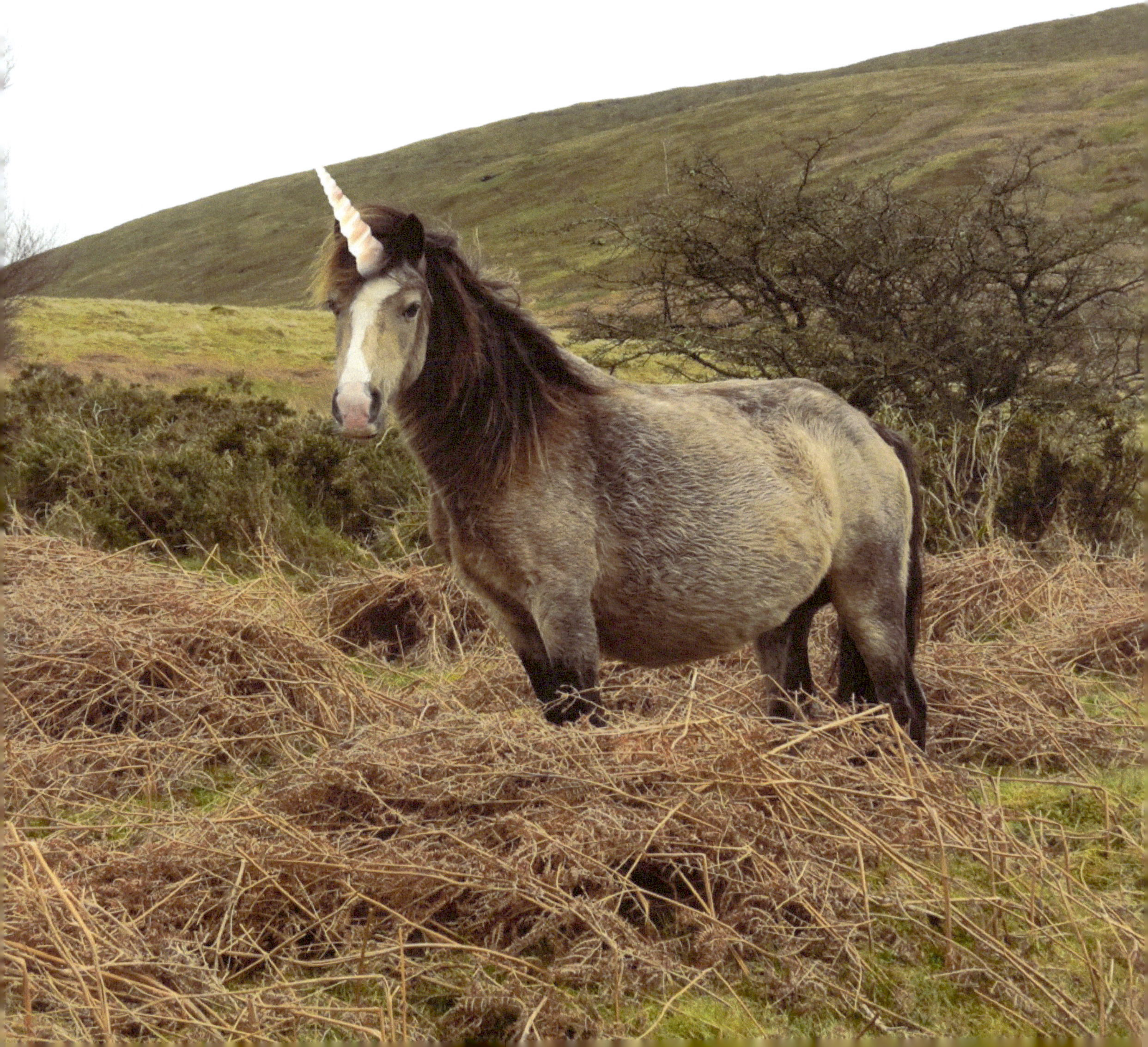

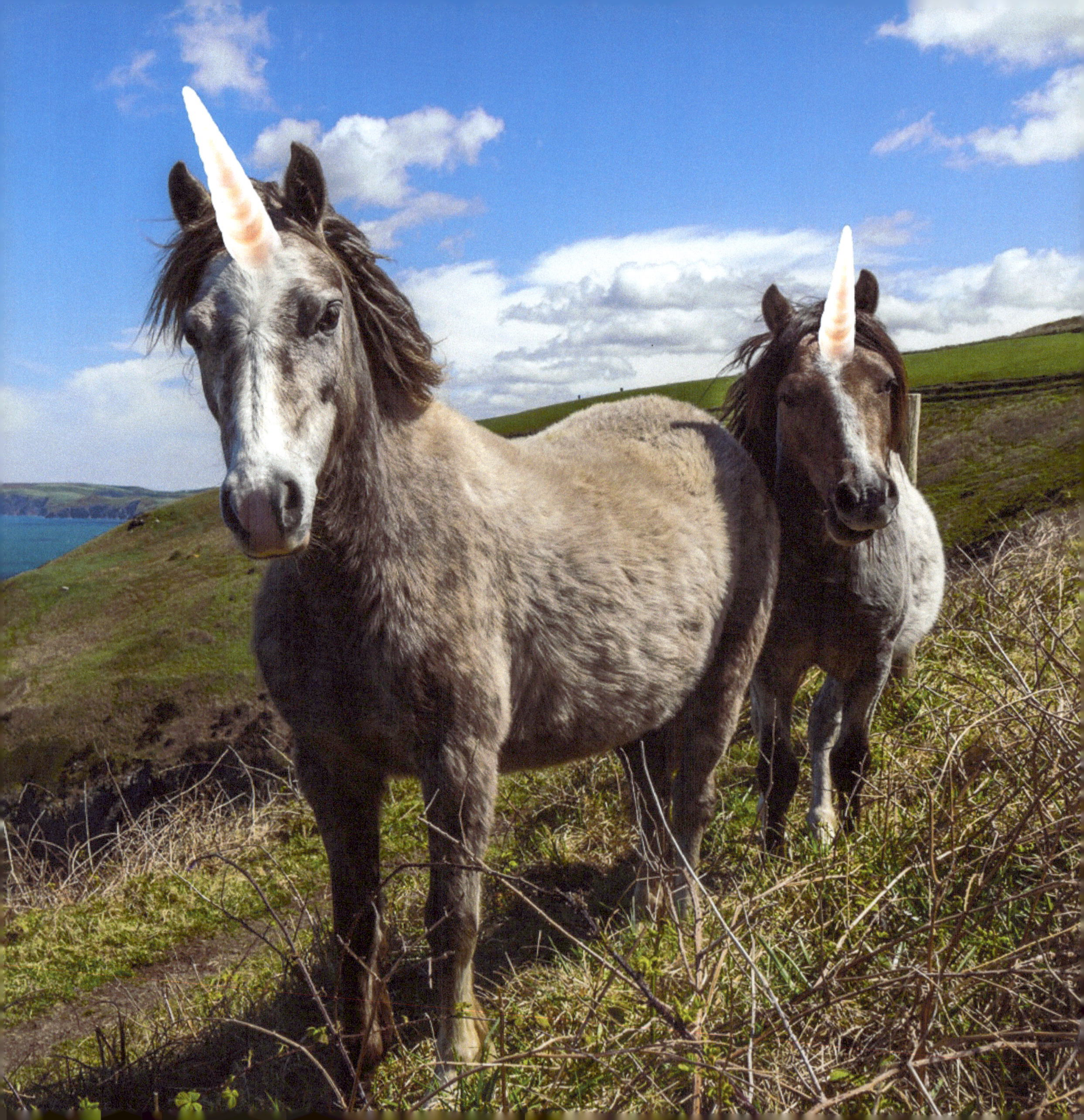

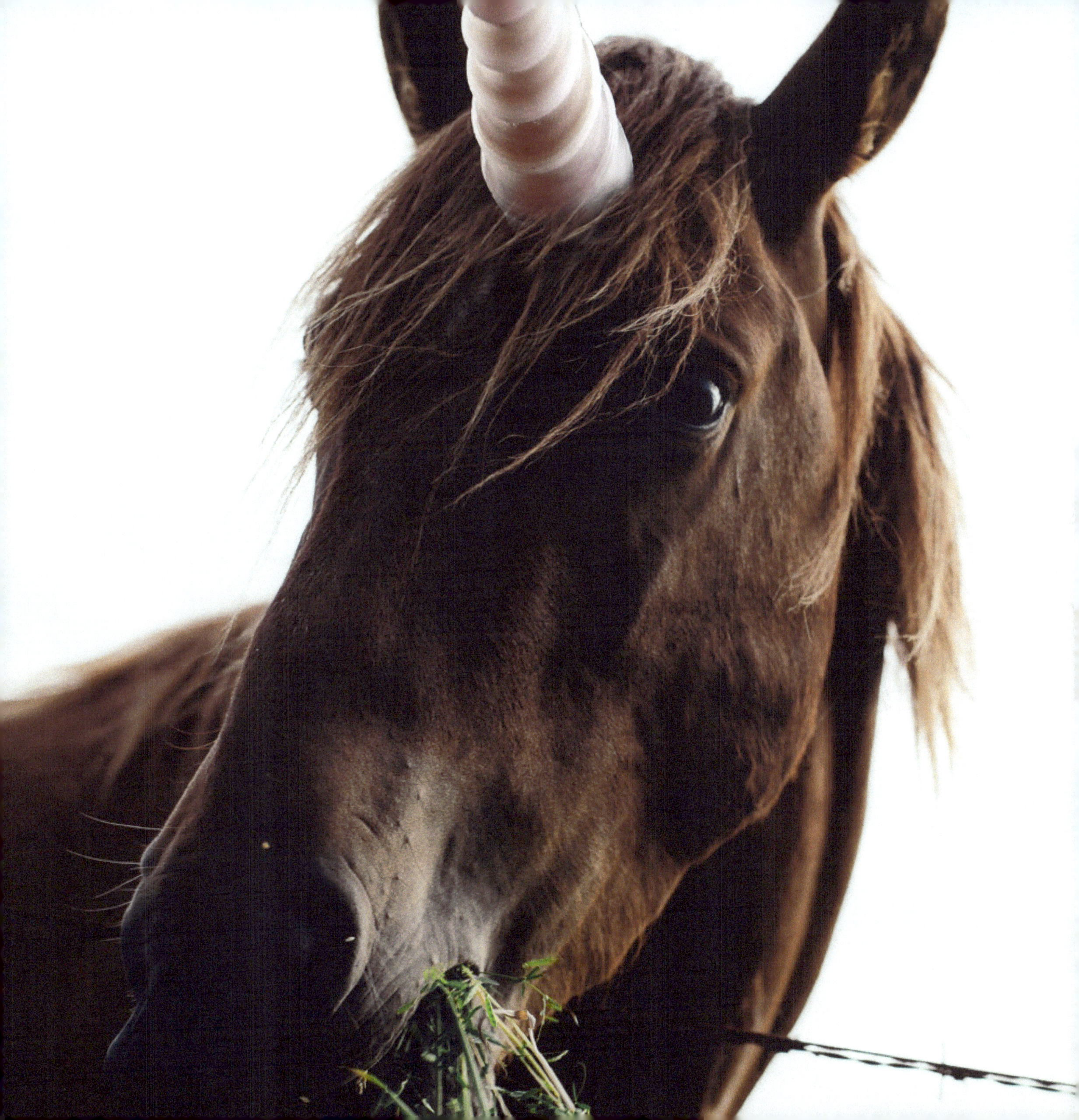

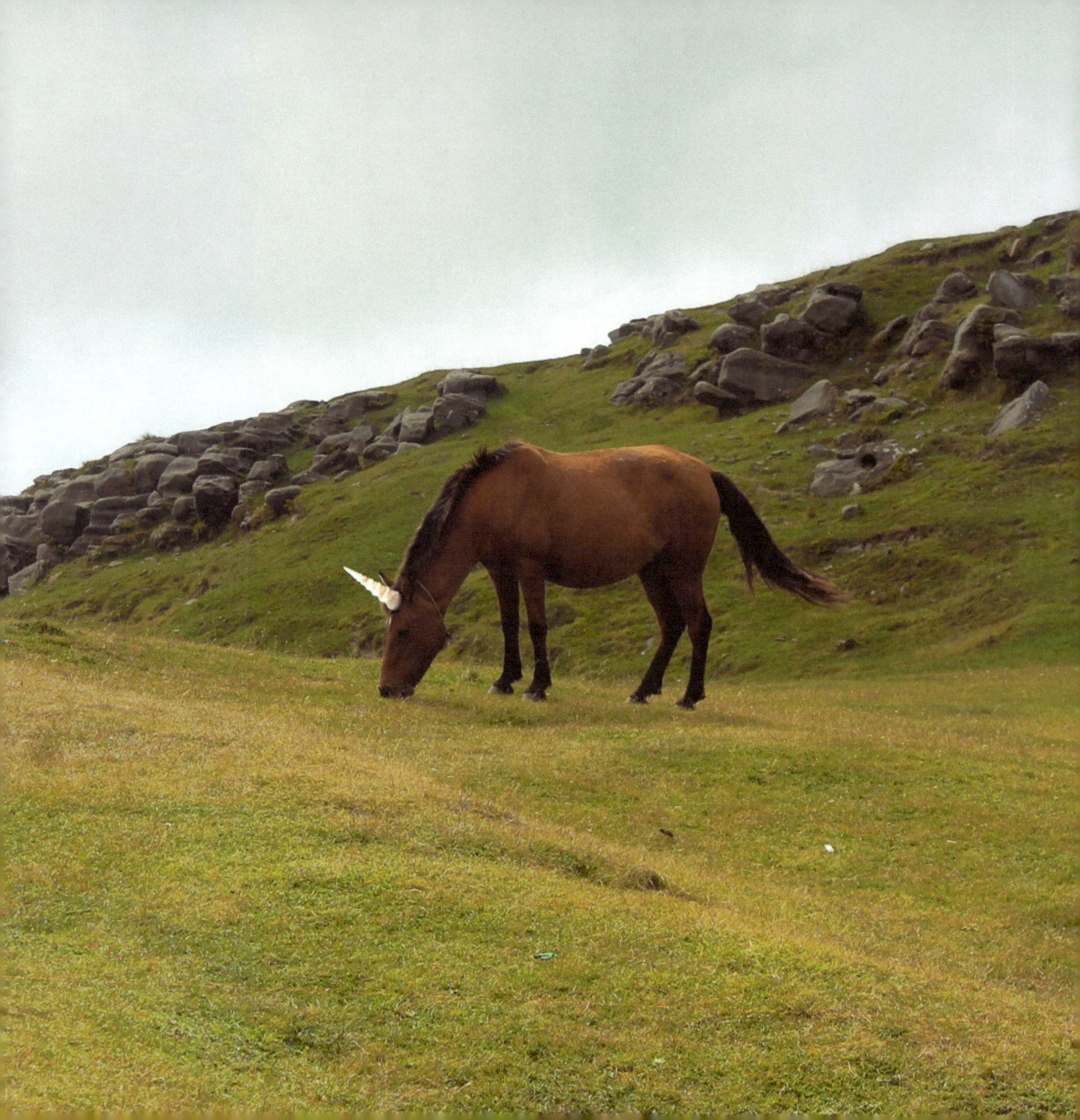

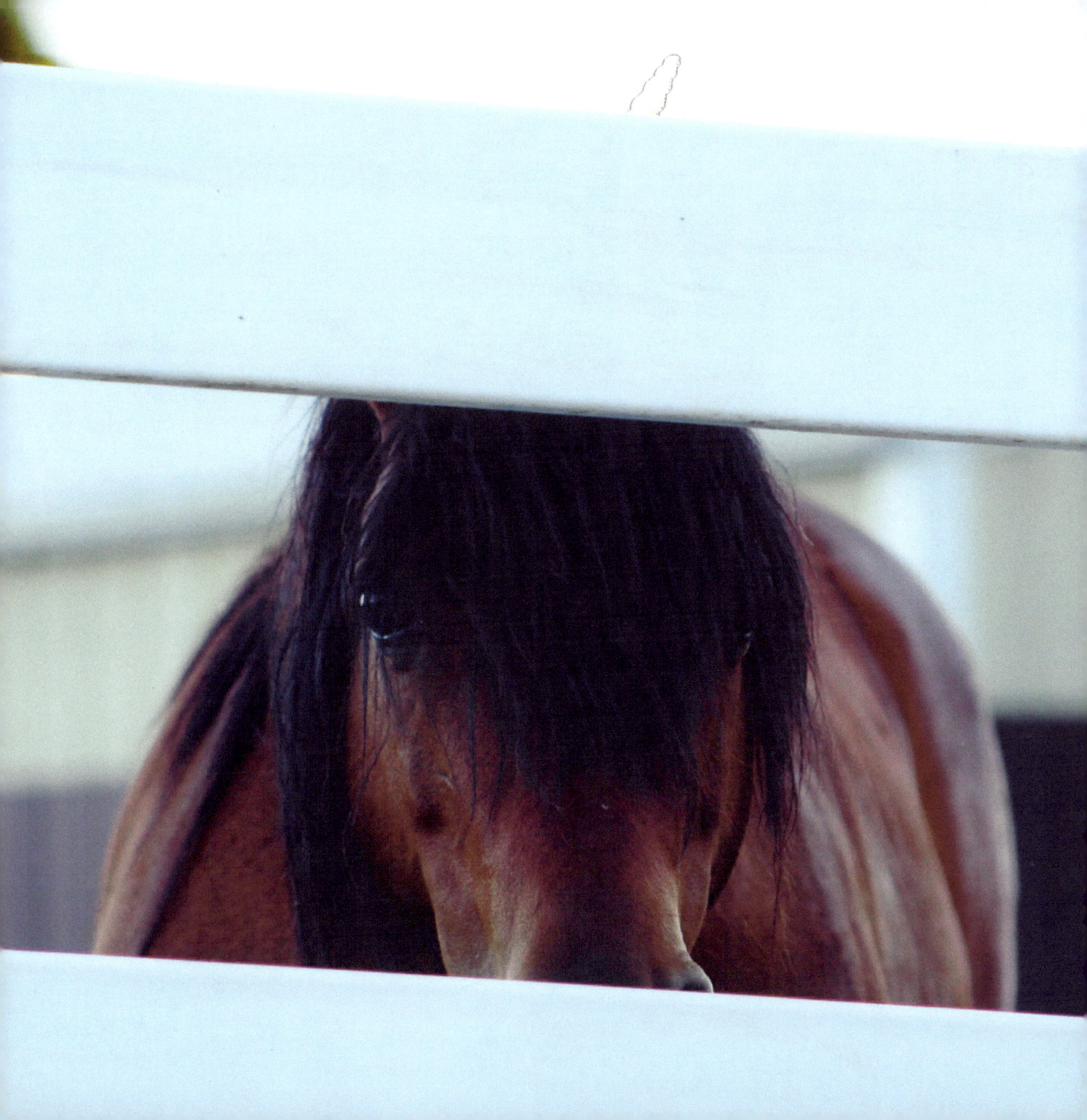

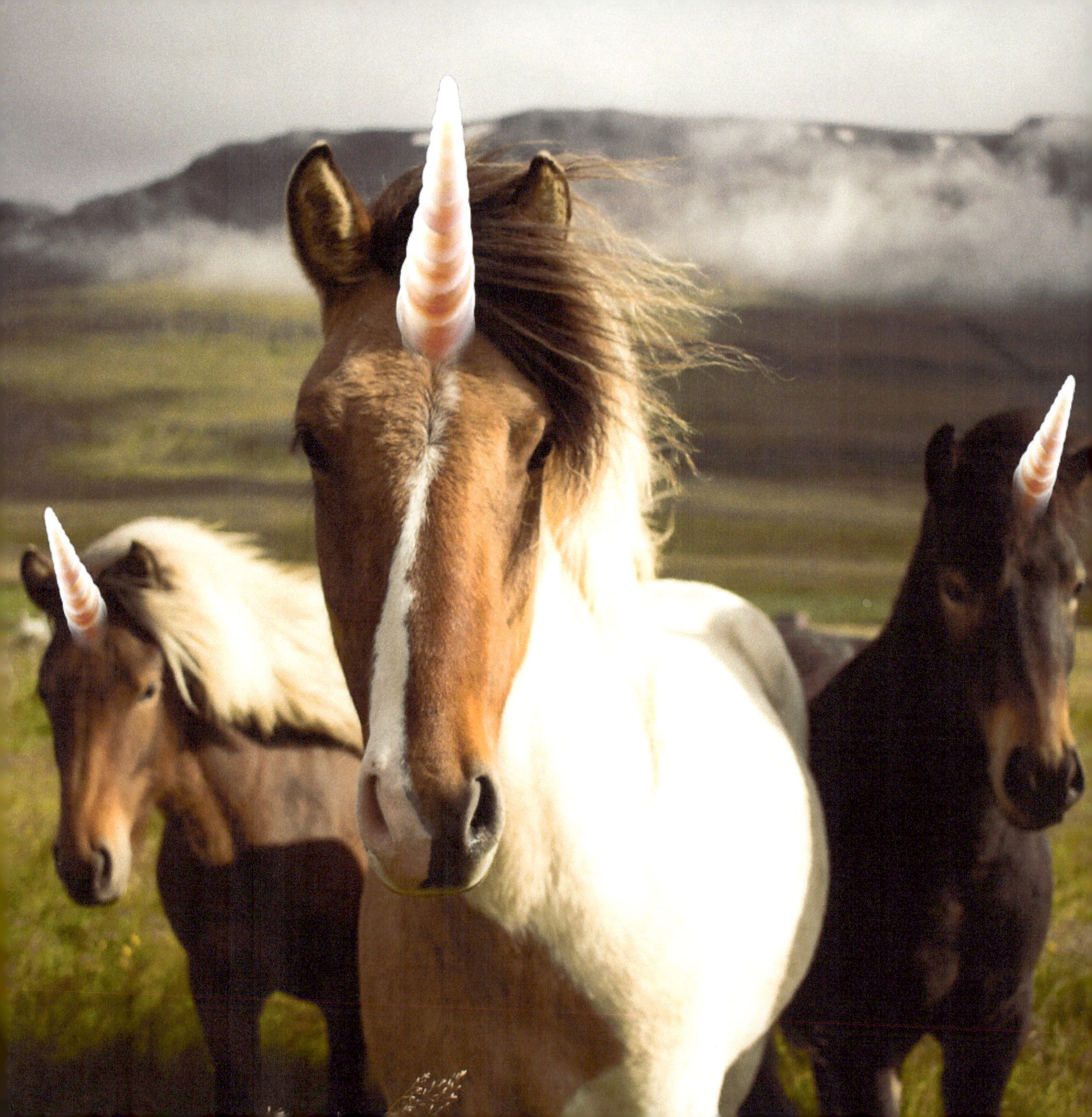

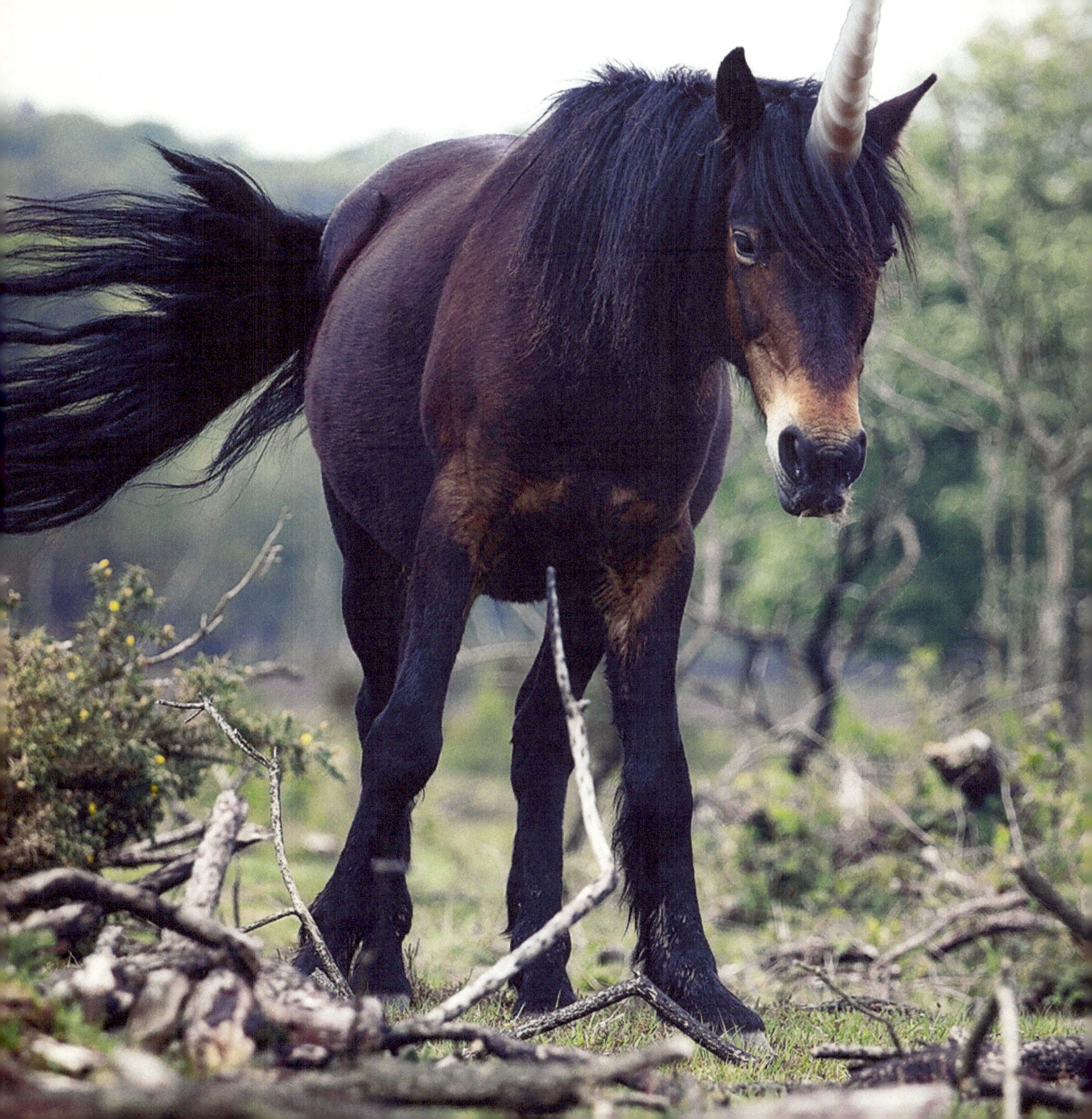

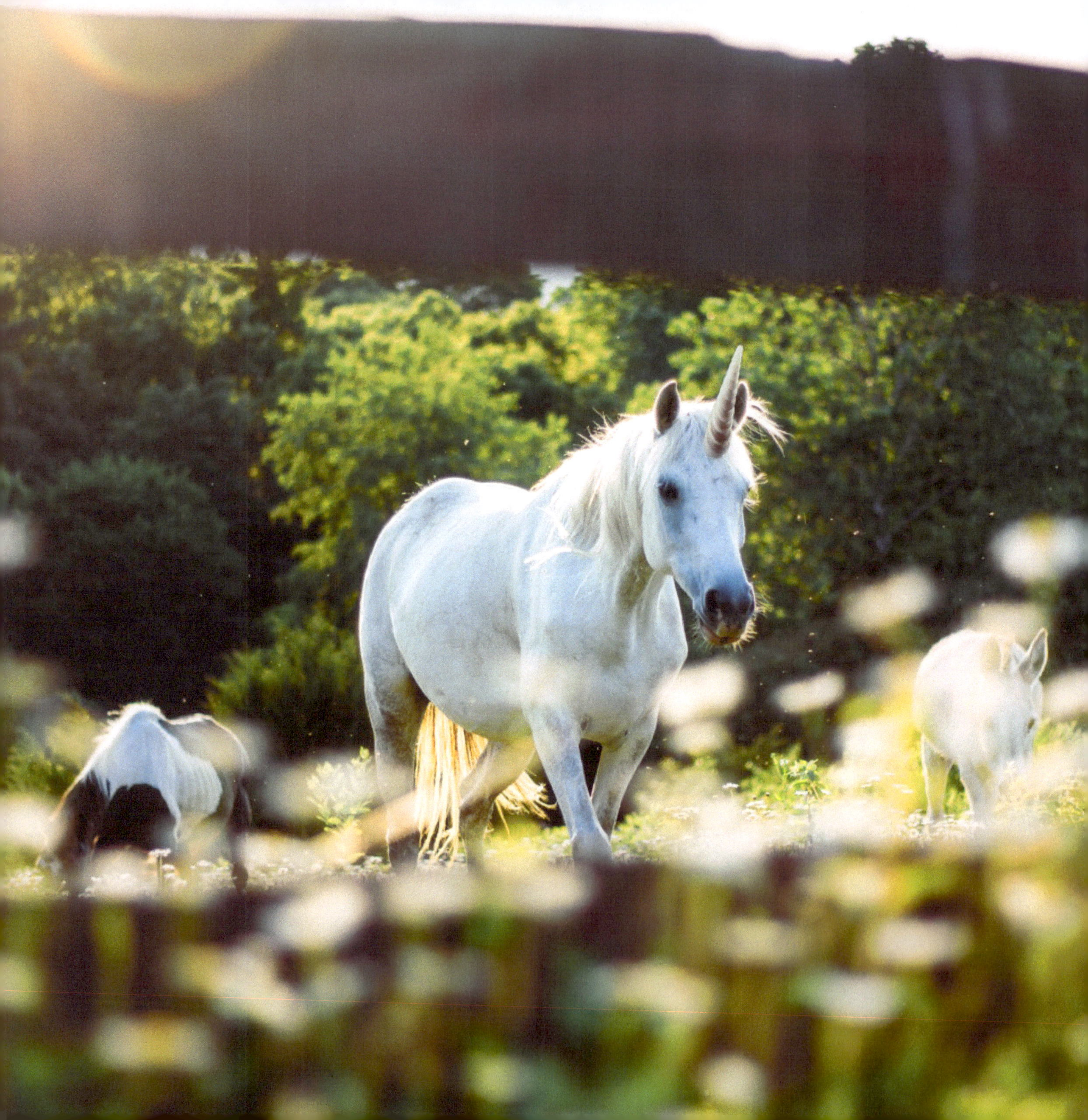

www.ingramcontent.com/pod-product-compliance
Lightning Source LLC
Chambersburg PA
CBHW040411220526
45473CB00004B/1196
* 9 7 8 1 9 8 7 9 8 9 2 1 2 *